Le grand livre
des
FINES HERBES

La Mère Michel

Le grand livre des
FINES HERBES

Guy Saint-Jean
ÉDITEUR

Données de catalogage avant publication (Canada)
Disponibles à la Bibliothèque nationale du Québec.

Nous reconnaissons l'aide financière du gouvernement du Canada
par l'entremise du Programme d'Aide au Développement de l'Industrie de
l'Édition (PADIÉ) ainsi que celle de la SODEC pour nos activités d'édition.

Photographie de la page couverture: Louis Prud'homme
Conception graphique de la page couverture: Christiane Séguin
Typographie: Les Entreprises Ysabelle Inc.
Montage: Francine André

Dépôt légal 2e trimestre 2000
Bibliothèques nationales du Québec et du Canada
ISBN 2-89455-097-9

DISTRIBUTION ET DIFFUSION
AMÉRIQUE: Prologue, 1650, boul. Lionel-Bertrand, Boisbriand
(Québec) Canada J7H 1N7. (450) 434-0306.
FRANCE (Diffusion): C.E.D. Diffusion, 73, Quai Auguste Deshaies,
94854 Ivry/Seine, France. (1) 46.58.38.40.
FRANCE (Distribution): Société nouvelle Distique, 5, rue Maréchal Leclerc,
28600 Luisant, France. (2) 37.30.57.00.
BELGIQUE: Vander s.a., 321 Avenue des Volontaires, B-1150 Bruxelles,
Belgique. (2) 37.30.57.00.
SUISSE: Transat s.a., Rte des Jeunes, 4 ter, case postale 125, 1211 Genève 26,
Suisse. 342.77.40.

Guy Saint-Jean Éditeur inc., 3172, boul. Industriel, Laval (Québec) Canada
H7L 4P7. (450) 663-1777.

Guy Saint-Jean Éditeur France, 83 Avenue André Morizet, 92100 Boulogne,
France. (1) 55.60.08.28.

Imprimé et relié au Canada

à mes soeurs Louise et Diane,
comme un gros merci

Table des matières

Préface

En voyant le titre de ce livre et surtout le nom de l'auteur (e !), bien des esprits forts seront tentés de s'écrier: «Encore des histoires de bonne femme !» Et jamais ils ne croiraient si bien dire. Pour Cicéron, la «Bona Fama», c'était le bon renom - la renommée - la bonne réputation.

*L'auteur du **Grand Livre des Fines Herbes** consacre de longs passages, fort bien documentés d'ailleurs, à retracer dans l'histoire de l'humanité le lent cheminement des herbes, par lequel elles sont arrivées à la Bona fama - le bon renom.*

La confusion est venue peut-être de ce que les femmes, (les bonnes femmes) ont été de tout temps les dépositaires d'une connaissance apparemment empirique d'un domaine où elles avaient su s'affirmer.

Chez nous, avant l'ère d'extrême spécialisation dans laquelle nous sommes désormais lancés, chaque ferme avait son immense jardin potager, sur lequel régnait incontestablement la maîtresse de maison. Dans la majorité des cas, les hommes de la famille s'éclipsaient volontiers, dès qu'ils s'étaient acquittés du labour et peut-être du hersage. (Presque toujours la grandeur du jardin exigeait qu'on ait recours aux chevaux pour tirer la charrue et la herse. Or les chevaux étaient de la compétence des hommes, voyez-vous !)

Dans nos villages d'alors, pas de grands «buildings», pas de «condos», pas de duplex. Seulement des petites maisons, alignées le long de la rue principale, qui se confondait avec le Chemin du Roi. D'un côté ou de l'autre, des petits bouts de rues sans autre nom que RUE DE LA BOULANGERIE, RUE DE L'ÉCOLE, RUE DU FORGERON, inscrit dans la tête des gens.

De pelouses, point; encore moins de tondeuses à gazon - mais partout entre maisons et hangars, tout ce qu'il était possible d'y mettre de jardin potager. Source de revenus et souvent d'un orgueil bien légitime

Mais au fait, pourquoi un potager ? La réponse la plus simpliste serait: «pour servir de base au potage !» Or trouvez-moi un potage potable où il n'y a pas de fines herbes. Ce serait presque une hérésie!

Partant donc de ce principe implicite et peut-être encore jamais invoqué, tous nos jardins potagers avaient leur carré de fines herbes plus ou moins variées selon les traditions culinaires de la famille.

*Dans la population anglophone du pays comme des États-Unis, la même tradition se retrouve et là on vous parle de son **Herb Garden**, le jardin des herbes, particulièrement affectionné et soigné.*

Chez nous, le raffinement à ce poste, jusqu'à la moitié du présent siècle, n'allait guère au-delà du persil, de la sarriette et du cerfeuil que venait à l'occasion appuyer la ciboulette. Il faut bien dire que nous connaissons bon an mal an presque six mois de morte saison. Pour les autres mois, nous tirons sans trop nous priver sur ce qu'on pourrait appeler nos fines herbes de base, en y ajoutant au passage pendant l'été quelques feuillages dotés d'un arôme plus ou moins prenant, queues d'oignons verts ou de poireaux, un peu d'aneth, feuilles fraîches de céleri ou de menthe.

L'arrivée, en cours de route, de populations venues d'un peu partout au monde nous a fait connaître à peu près toutes les fines herbes dont il est fait mention dans le Livre de la Mère Michel - et qu'on retrouve, à côté de légumes jusqu'alors peu connus, dans ce qu'on appelle les marchés «ethniques» de Montréal, de Toronto et de quelques autres grandes villes.

*Le **Grand Livre des Fines Herbes** de la Mère Michel arrive donc plus qu'à son heure pour nous dire ce que nous pouvons faire d'au moins vingt-cinq de ces fines herbes dont une grosse moitié nous était inconnue il n'y a pas un quart de siècle.*

Vingt-cinq fines herbes qu'il est possible de produire un peu partout sous nos climats.

Et notre cuisine se donnera des airs de grande cuisine; notre santé, elle, pourrait bien s'en mieux porter.

Si d'aventure la Mère Michel
Allait perdre son chat,
Vite la cataire
Et elle le retrouvera

Paul Boutet

Avant-Propos: L'Esprit des Herbes

Comme on le verra, dans les pages qui suivent, l'histoire des fines herbes a de tout temps été liée à celles de la magie et de l'alimentation puis, plus tard, avec l'évolution de l'homme, à celles des mythologies et des religions, de la médecine, de la botanique, bien sûr, et de la gastronomie. Cette évolution ne s'est pas faite en un jour, ni même en un siècle. En fait, elle couvre toute l'histoire de l'homme, correspondant aux temps forts et faibles de cette histoire (par exemple, les conquêtes d'Alexandre le Grand, la chute de l'Empire Romain, les Croisades, la découverte des Amériques, etc.).

Les fines herbes, si longtemps les auxiliaires précieuses de l'homme, retrouveront-elles un jour leur rôle? Qui sait? Mais en notre époque de «fast food» et, qu'on me passe l'expression, de «quick drugs», mais aussi, bien sûr, d'indéniables et foudroyants progrès dans nombre de domaines, il était peut-être bon de rappeler le rôle si longtemps essentiel de ces plantes. N'était-il pas déjà écrit dans la Bible: «Le Seigneur a fait produire à la terre des médicaments. L'homme sensé ne les dédaignera pas».

Ce livre s'adresse à tous ceux que passionnent le jardinage, la gastronomie et, à un degré moindre, une médecine préventive simple mais efficace. J'ai tenté, du mieux que j'ai pu, de leur communiquer un peu de l'Esprit des Herbes, puisqu'une herbe, toute herbe, c'est avant tout un corps végétal vivant, captant et synthétisant en lui, de toutes ses forces, par de délicats et savants calculs, pour nous les offrir ensuite, les esprits de la terre et des astres, sans qu'on puisse jamais expliquer, ni comment, ni pourquoi. J'ignore si j'ai, dans cet ambitieux dessein, réussi. Je sais, en tout cas, la leçon de civilisation et d'humilité que j'en ai reçue.

La Petite Histoire des Fines Herbes

Les deux sources principales auxquelles j'ai puisé sont: **Le livre des Épices, Condiments et Aromates**, de Louis Lagriffe, Marabout, 1968, et **L'Office et la Bouche, Histoire des moeurs de la table en France, 1300-1789,** de Barbara Ketcham Wheaton, Calmann-Lévy, 1984. La première est, dans le texte, indiqué par (1), la seconde, par (2). Les autres auteurs sont nommés et on trouvera les références de leurs oeuvres dans la **Bibliographie** donnée en fin de volume.

La Préhistoire

C'est autour du quatrième millénaire avant J.C. qu'on évalue les débuts de l'agriculture et de la sédentarisation de l'homme, en un mot, de la civilisation. Selon les hypothèses, et des vestiges trouvés dans les palafittes (maisons sur pilotis) des lacs suisses, nos ancêtres se nourrissaient de viandes grillées (depuis qu'ils avaient acquis la maîtrise du feu), de racines (carottes et panais), de bouillies de céréales fermentées et de «plats d'épinards», c'est-à-dire de légumes-feuilles cuits dans l'eau. Parmi les condiments et aromates utilisés, il y avait, outre le sel, l'ail, le carvi, le fenouil et le cerfeuil. On n'a, sur cette époque, que peu d'informations mais il ne fait aucun doute que les herbes, d'abord ramassées à l'état sauvage, puis cultivées, étaient déjà utilisées à des fins magico-religieuses et médicinales. On peut aussi supposer que c'est plus par nécessité que curiosité que les premiers hommes cherchèrent des nourritures nouvelles dans les plantes et le payèrent souvent de leur vie, quand ils rencontrèrent des plantes mortelles comme cigüe ou l'amanite phalloîde. C'est vers la même époque, croit-on, probablement par hasard, que furent inventées les premières boissons alcoolisées à base de raisin et d'autres plantes.

La Babylonie

Connue par les témoignages que nous en ont laissés les historiens grecs (Hérodote, Xénophon), la Babylonie est le premier empire qui nous ait laissé des prescriptions médicinales à base de carvi, de fenouil et de menthe (tablettes cunéiformes de Gilsameh). On sait aussi que, dans les incantations contre les mauvais esprits responsables des maladies, on se servait d'herbes et de bois odoriférants.

Par ailleurs, on n'a que peu de données sur leur alimentation. On sait seulement qu'ils utilisaient le basilic et le thym pour farcir les viandes grillées et que, dans les Jardins de Babylone, on cultivait aussi le fenouil, l'hysope et la menthe. Les grands rois de l'époque, Nabuchodonosor et Balthazar, donnèrent de somptueux festins où les plantes aromatiques jouaient sans aucun doute un grand rôle.

L'Inde et la Chine

Les Hindoux se servaient déjà de la plupart des herbes aromatiques connues aujourd'hui. À part le basilic, la coriandre et l'origan qui étaient consacrés aux Dieux, ils cultivaient l'ail, l'aneth, l'anis, etc. Toutefois, parce qu'elle a toujours fait appel aux épices fortes (principalement à cause du climat et parce qu'elles aident à la conservation des viandes), leur gastronomie n'a eu, sur l'occidentale, que peu d'influence. Toute leur médecine était à base de plantes aromatiques et autres.

Les Chinois utilisaient, eux, médicinalement et culinairement, l'aneth, l'anis, l'estragon, le fenouil et surtout l'ail. Leurs gastronomie n'a eu, sur la nôtre, pas plus d'influence que l'indienne, sauf peut-être très anciennement.

La Perse

On n'a que peu de données sur la médecine et la gastronomie des Perses. Toutefois, on sait qu'ils connaissaient l'ail et la plupart des fines herbes. Hérodote rapporte que les jeunes vierges destinées au harem d'Assuérus devaient préalablement se purifier, six mois durant, avec de la myrrhe, de l'hysope et de l'aneth. Enfin, raconte Louis Lagriffe: «Les grands rois perses: Cyrus, Assuérus, Xerxès furent probablement les premiers vrais gastronomes, donnant de nombreux et somptueux festins, au cours desquels ils ne manquaient pas de récompenser les cuisiniers qui avaient inventé un plat nouveau, fortement épicé cela va de soi, et lorsque le grand Alexandre entra dans le palais de Darius vaincu, il y trouva 277 cuisiniers et de nombreux esclaves préposés aux épices et aux aromates de toutes sortes dont il y avait des stocks importants sur lesquels il fit main basse, après avoir fait passer tous ces serviteurs de vie à trépas; les épices et les aromates devant être à ses yeux bien plus précieux que la vie d'un homme».

L'Égypte

Si nous avons peu d'informations sur la gastronomie des anciens Égyptiens, en revanche nous savons, grâce aux papyrus et aux relations de voyage d'écrivains grecs de l'époque, qu'ils firent accomplir à la médecine des pas de géant et qu'ils furent les créateurs de procédés encore utilisés, quoique perfectionnés, aujourd'hui. En effet, ce sont eux qui inventèrent les vins et les vinaigres aromatisés, la bière (dont une à base de marjolaine, de menthe et de persil) mais surtout, des parfums et des compositions médicinales obtenus par extraction des essences de nombreuses plantes odoriférantes. «À cet effet, les bois, les feuilles et les tiges étaient chauffés dans un vase d'argile dont l'ouverture était obstruée par des fibres de coton mises sur des claies de roseau; l'opération se terminait quand le coton était imprégné par les essences qu'il suffisait de recueillir par simple pression. Pour archaïque qu'il fût, c'était quand même le premier procédé de distillation, origine de nos parfums et de nos liqueurs».[1] (On aurait retrouvé récemment, dans la vallée de l'Indus, un alambic datant de 5 000 ans avant J.C.).

Ces compositions médicinales, à base d'essences d'anis, d'hysope, de marjolaine, etc., étaient administrées, soit en fumigations, soit autrement. Les prêtres-médecins égyptiens «portaient avec eux un petit coffret de médicaments et une baguette magique; ainsi, avant que le traitement ne commençât, il fallait implorer les dieux pour que l'esprit malin possédant le malade puisse être chassé» (Malcolm Stuart).

Les Égyptiens utilisèrent aussi les plantes pour l'embaumement de leurs morts et furent ainsi les premiers à découvrir les qualités antiseptiques puissantes d'herbes et d'épices comme le thym, la sauge, le romarin, la cannelle et le clou de girofle. Leurs plantes sacrées étaient le basilic, la marjolaine et le marrube, chacune d'elles consacrée à un dieu différent. Enfin, ce sont eux qui créèrent le caducée - une baguette d'olivier ou de laurier, surmontée de deux ailes, et autour de laquelle s'enroulent deux serpents -, devenu le symbole de la médecine.

Les Hébreux

À leur actif, par rapport à l'histoire des fines herbes, il y a peu de choses. Quoique la Bible soit pleine de citations relatives aux plantes, dans l'**Ecclésiastique** surtout, on ne leur doit que les premières règles connues de civilité gastronomique et d'hygiène. S'ils appréciaient beaucoup l'ail, ils utilisaient autant médicinalement que culinairement (une cuisine très sobre) le basilic, la coriandre, l'aneth, l'origan, la menthe, le thym, le romarin et le fenouil. Deux plantes étaient particulièrement à l'honneur chez les Hébreux, l'hysope et le marrube dont les noms sont, d'ailleurs, d'origine hébraïque. L'hysope, leur plante sacrée par excellence, entrait dans la composition de l'huile sainte qu'on jetait dans le feu où brûlait la victime (animale) d'un sacrifice.

La Grèce Antique

Si c'est aux Égyptiens que revient l'honneur d'avoir créé les essences et les parfums, c'est aux Grecs que revient celui d'avoir inventé la gastronomie telle que nous la connaissons aujourd'hui. En effet, suite aux conquêtes d'Alexandre le Grand et aux voyages entrepris par de nombreux écrivains grecs à la fois botanistes, philosophes, médecins et gastronomes, les chefs-cuisiniers d'Athènes, influencés par les gastronomies étrangères et pourvus de produits exotiques nouveaux, tels le basilic et les épices, créèrent la plupart des principes culinaires de base. À noter qu'ils avaient déjà à leur portée les fines herbes suivantes, indigènes à la Grèce, soit: l'hysope, la marjolaine, la menthe, l'origan, la sauge, le thym, etc. Le plus fameux d'entre eux, Archestratus, si célèbre qu'il eut les honneurs réservés aux vainqueurs des Jeux Olympiques, «était un tel gourmet qu'il entreprit (en 330 avant J.C.) un long voyage en bien des pays civilisés à seule fin de s'informer des coutumes gastronomiques de ces anciens peuples alors plus raffinés que les Grecs» (Chrissa Paradissis). Rivalisant d'adresse, nombre de ces maîtres-queux acquirent ainsi gloire et fortune et, détail intéressant rapporté par la même auteure: «Au début, les riches Athéniens payèrent ce qui leur était demandé, mais plus tard ils trouvèrent un biais, donnant à ces chefs, comme aides-cuisiniers, les plus doués de leurs esclaves, avec, pour mission secrète, d'apprendre tout ce qu'ils pourraient sans manifester de curiosité pour les secrets de métier du chef. Bien des esclaves devinrent ainsi experts et remplacèrent les coûteux chefs sans frais pour leurs maîtres».

Toutefois, malheureusement pour nous, tous les écrits des chefs-cuisiniers grecs furent perdus dans l'incendie de la Bibliothèque d'Alexandrie lors du 7e siècle et c'est uniquement par d'autres écrivains que nous pouvons avoir une idée de leur talent. À cette époque, «les repas, dans les classes nobles et aisées, étaient compliqués et nombreux. Ils étaient précédés d'ablutions de parfums composés de fenouil, de thym et de menthe et pour les terminer, les buveurs grecs se couronnaient de violettes, de persil et d'hysope destinés à combattre leur ébriété».[1] Théophraste lui-même, le Père de la Botanique, ne dédaignait pas l'«art» gastronomique aux chefs-d'oeuvre si fugaces; ne prescrivait-il pas d'envelopper les poissons, avant de les cuire, dans des feuilles d'origan et de fenouil puis de les servir avec des sauces à base d'ail, d'oignons et d'autres condiments ! Mentionnons enfin que les Grecs créèrent les premières écoles de cuisine et qu'ils avaient deux déesses de la gastronomie, soit Gastéréa et Adéphagia dont il existe encore un temple dans une des villes de l'ancienne Sicile grecque.

Parallèlement à l'évolution de la gastronomie, la médecine fit, elle aussi, des pas de géant, d'abord avec Asclépios (père de Gastéréa), le médecin-dieu, dont on croit aujourd'hui qu'il a vraiment existé près de 1 200 ans avant J.C. mais surtout avec Hippocrate, le Père de la Médecine moderne qui vécut, lui, 400 ans avant J.C.. Celui-ci se servait d'environ 400 médicaments, la plupart d'origine végétale, et ses indications, pour empiriques qu'elles fussent, étaient d'une justesse étonnante. C'est toujours à lui que les médecins d'aujourd'hui prêtent leur serment d'honneur. Mentionnons aussi la création de la première École de Médecine à Alexandrie, 300 ans environ avant J.C., et deux autres médecins grecs célèbres, Dioscoride et Galien.

Enfin, si, pour les Grecs, les «fines herbes» étaient à la fois médicinales et culinaires, elles étaient aussi liées à la mythologie. Outre celles qu'on trouvera dans le texte (voir **Marjolaine, Menthe, Romarin, Sarriette** et **Thym),** mentionnons la jolie légende selon laquelle Daphné, poursuivie par Apollon, obtint des Dieux d'être métamorphosée «en un des plus précieux aromates: le laurier dont «une légère écorce entoure son sein délicat, ses cheveux deviennent feuillage, ses bras, des rameaux et la cime d'un arbre couronne son front.»»[1] Les herbes étaient partie intégrante des fêtes et des banquets, des cérémonies religieuses et enfin des Jeux Olympiques où les vainqueurs avaient l'honneur d'avoir leur tête ceinte d'une couronne... de persil.

La Rome Antique

Peuple d'une sobriété exemplaire pendant six siècles et dont l'alimentation était à base d'un brouet de blé pilé et de quelques légumes, dont le si précieux chou, ce n'est qu'après leurs conquêtes, en particulier celle de la Grèce, que les Romains changèrent du tout au tout. Séduits par les moeurs de ce pays dont les bleus du ciel sont les plus beaux du monde, ils ramenèrent chez eux en esclavage les chefs-cuisiniers grecs (se les arrachant à prix d'or) et ce sont eux, en fin de compte, qui créèrent la gastronomie romaine.

Pourvus de produits rares venus de tous les coins du monde, usant d'une imagination sans bornes, sans doute pour mieux séduire leurs maîtres et s'attirer ainsi leurs faveurs, ils poussèrent l'art gastronomique vers des sommets inégalés. Bientôt, tous s'en mêlèrent: les poètes (Horace, Virgile), les romanciers (Pétrone) et même les empereurs (Trajan, Commode). Les chroniqueurs gastronomiques de l'époque, Apicius et Lucullus en tête, nous ont laissé des recettes et des menus de banquets dont l'inouïe complexité et le raffinement donnent à rêver... et à penser. Imaginez un repas où l'on vous sert, le tout accompagné de sauces diverses et élaborées, des cigales, de l'autruche, des oeufs de tortue, du sanglier d'Asie, des yeux de rhinocéros et... des langues de colibri !

Les excès culinaires devinrent, avec le temps, tels que certains empereurs tentèrent, par des édits, de les contenir. En vain. Leurs lois furent «vite abolies par le mépris» comme furent tournés en ridicule ceux qui s'élevaient contre cette corruption des moeurs ou tentèrent de créer une «cuisine nouvelle» sans artifices et sans plantes aromatiques. Cette corruption - et pas seulement culinaire - des Romains contribua-t-elle à la Chute de leur Empire ? C'est fort probable. Quoiqu'il en soit, la gastronomie des Romains devait avoir une influence considérable sur tous les peuples par eux conquis, en particulier sur un pays aux moeurs simples, pour ne pas dire rudimentaires, la Gaule, où devait naître, plusieurs siècles plus tard, **La** gastronomie.

Quant à la médecine romaine, calquée sur la grecque, elle ne fit que peu de progrès et si les fines herbes, après avoir servi d'offrandes aux Dieux, contribuèrent à la grande débauche gastronomique, elles furent aussi utilisées, le basilic, l'hysope, le romarin, entre autres, pour combattre les grandes épidémies de peste. Elles rendirent aussi célèbre un certain Cosmus, créateur de la Cosmétique, et qui inventa plus de vingt recettes d'onguents, crèmes, etc., à base d'herbes comme la marjolaine, le thym et le romarin.

Pour se faire une idée des recettes romaines, voir **Recettes de la Rome Antique,** dans **Index des Recettes).**

Un «petit creux» historique: Byzance

Après les triomphes, puis les excès sans nombre, puis la Chute de l'Empire Romain et le transfert de la capitale à Byzance, l'évolution de la gastronomie ralentit considérablement. En fait, elle ne retrouvera sa flamboyance qu'au 17e siècle, en France. Connaissant une période de paix jusqu'aux grands déferlements des Barbares, les Byzantins reprirent les usages romains qui «se teintèrent peu à peu d'un luxe et d'une prodigalité tout orientaux».[1] Ils n'eurent, pour ainsi dire, aucune influence sur la gastronomie, du moins telle que nous l'entendons aujourd'hui.

Par contre, en médecine et en botanique, les Byzantins poursuivirent des études sérieuses et rationalisèrent l'utilisation de plantes à la fois culinaires et médicinales comme le basilic, le carvi, l'hysope, le persil mais surtout l'estragon, originaire de la Sibérie et décrit pour la première fois par un auteur byzantin du XIe siècle et considéré aujourd'hui par de nombreux gastronomes comme l'Herbe Fine par excellence (le «premier prince royal», comme l'écrit Louis Lagriffe). Toutefois, peu de médecins byzantins atteignirent la célébrité d'un Hippocrate ou d'un Galien, l'oeuvre de ce dernier jouissant d'un prestige considérable pendant de nombreux siècles.

Les Arabes

Si les Arabes ne laissèrent, gastronomiquement, que peu de choses (voir chapitres sur le Moyen-Âge et le XVIe siècle), en revanche ce sont eux qui firent découvrir à l'Occident des produits aussi merveilleux que l'orange (amère) et le citron, le café, la banane, les dattes, le sucre de canne, mais surtout les épices. En effet, grands voyageurs, grands conquérants, à la fois d'une érudition, d'une curiosité et d'une audace sans bornes, ce sont les Arabes qui les premiers, bien avant Marco Polo, atteignirent la Chine, prenant du même coup le contrôle absolu des mers baignant tout le territoire qui va de ce pays jusqu'à l'Inde, en passant par l'archipel indonésien et le Ceylan (Sri Lanka), et d'où proviennent toujours la plupart des épices: le poivre, le clou de girofle, la cannelle, la muscade, etc..

Il paraît peut-être superflu de parler ici des épices mais quand on sait le rôle joué par ces dernières dans l'Histoire (un rôle plus grand même que celui des fines herbes qui furent, d'ailleurs, longtemps éclipsées par leurs cousines aromatiques plus exotiques et plus chaudes), on ne peut qu'être émerveillés. Émerveillés du flair des Arabes qui, en partie grâce aux monceaux d'or que leur rapportèrent les épices, devinrent si puissants qu'ils purent créer un empire immense et, sans le savoir, contribuèrent à la découverte des Amériques où devaient, à leur tour, être découverts nombre d'autres produits comme le chocolat, la vanille, le tabac, le caoutchouc, le maïs, les piments et les poivrons, la tomate, le haricot et... la simple pomme de terre. Car ce que cherchaient avant tout les navigateurs italiens, espagnols et portugais de la Renaissance (les Français devant se contenter, selon l'expression de Voltaire, des «quelques arpents de neige» de l'Amérique du Nord), ce n'était certes pas des «âmes à convertir» mais bien la Route des Épices alors rares et aussi estimées que l'or. Ne dit-on pas toujours «payer en espèces», ce qui signifiait à l'origine «payer en épices» ! On sait la fin de l'histoire: devenus puissants grâce à leurs découvertes, les Italiens, les Espagnols et les Portugais boutèrent les Arabes hors de leurs pays et, imités en cela par tous les autres peuples européens, se lancèrent à leur tour... dans des guerres de conquête.

Plus éclatants encore, plus profitables aussi, en termes de civilisation, furent les succès qu'obtinrent les Arabes en médecine. Reprenant le flambeau de la connaissance médicale grecque, ils portèrent celle-ci à un degré nouveau de perfection et leur influence, parallèlement à celle des écrits grecs par eux traduits, fut considérable sur les travaux des moines-médecins du Moyen-Âge. Comme l'écrit Louis Lagriffe, «tous les aromates connus étaient également utilisés par leurs médecins qui imitèrent en cela les médecins de l'Antiquité dont la pharmacopée était presque toute à base des plantes aromatiques du bassin de la Méditerranée». Parmi les médecins arabes importants, il convient de nommer Rhazès, Avicenne mais surtout Geber qui, reprenant l'oeuvre des Égyptiens, inventa le procédé de distillation à la vapeur ou à feu nu, réussissant l'extraction des essences du romarin, du thym et de la lavande. («Alcool» et «alambic» sont, d'ailleurs, deux mots d'origine arabe).

Au Pays d'Obélix: La Gaule

Si la Gaule est ici mentionnée, ce n'est certes pas qu'elle nous ait laissé de traditions culinaires ou médicinales mais plutôt parce qu'elle devait être, plusieurs siècles plus tard, la terre d'élection de la Gastronomie. Quoique nous n'ayons pratiquement, sur nos ancêtres lointains, aucune information, les Romains ayant, lors de la conquête de la Gaule, avec leur politique de la «terre brûlée», tout détruit sur leur passage, un document antérieur à cette invasion et dû à la plume de Posidonius se révèle fort instructif: «Leur manger consiste en un peu de pain et beaucoup de viandes bouillies ou rôties à la broche; ils y mordent **comme des fous,** saisissant des membres entiers dans leurs mains; près des fleuves, on consomme beaucoup de poissons grillés, salés et aspergés de vinaigre; l'huile est rare ou peu connue». C'est un témoignage à prendre, comme tous ceux du genre, avec «un grain de sel».

Si avant l'arrivée fracassante des Romains, on estime que les Gaulois, chasseurs et cueilleurs avant tout, se nourrissaient de «glands, de baies, de racines, de bulbes et de feuilles vertes des plantes encore sauvages»[1] et qu'ils n'apprirent que lentement à cultiver des légumes comme l'oignon, le panais et la carotte qu'ils assaisonnaient de carvi, de coriandre, de fenouil et de livèche (alors que leurs Druides usaient magiquement du chêne, du gui et de la sauge), après la conquête, les moeurs des Gaulois, devenus Gallo-Romains, commencèrent à se raffiner un peu. Grâce aux Romains (ce n'est pas ce qu'Obélix aurait dit!), ils connurent le poivre et la cannelle de même que l'hysope et le thym, herbes plus méridionales. Toutefois, leurs recettes ne devaient demeurer que de grossières copies de celles, presque trop raffinées, des Romains.

Cependant, les pauvres Gallo-Romains n'étaient pas au bout de leurs peines puisqu'ils devaient être encore envahis à plusieurs reprises, par les Huns et les Goths puis, enfin, aux Ve et VIe siècles, les Francs, une peuplade germanique plus évoluée qu'eux, et qui devait donner son nom à la France.

Comme l'écrit Louis Lagriffe: «Après ces Francs, gros mangeurs, gros buveurs (et déjà producteurs de vins), comment nous, leurs héritiers, aurions-nous pu ne pas être appelés à devenir les maîtres de la Gastronomie?»

À propos des Huns et des Goths, le même auteur rapporte l'anecdote suivante, dans laquelle il faut voir l'origine des viandes faisandées, si longtemps prisées des Français comme le «must» ultime: ils «se contentaient encore d'herbes sauvages, de racines et de viandes échauffées entre leurs cuisses et le dos de leurs chevaux. Les uns et les autres ne connaissaient, en fait, d'autre épice que l'odeur infecte qui se dégageait de ces viandes à demi-pourries qu'ils affectionnaient tout particulièrement». C'est à prendre avec... un soupçon de poivre.

Le Moyen-Âge: L'Aigre et l'Amer

Héritière des traditions gauloises, puis gallo-romaines, puis franques, la cuisine médiévale réussira à peine à dépasser celles-ci et seule l'influence arabe, surtout, ainsi qu'on l'a vu, par l'introduction de produits nouveaux, en changea les couleurs. Toutefois, trois faits historiques datant du Moyen-Âge contribueront, selon Barbara Ketcham Wheaton, de 1450 à 1650, à la naissance de la gastronomie. Ce sont: 1. L'invention allemande de l'imprimerie, qui permettra la diffusion des écrits grecs et romains antiques sur la gastronomie et l'agriculture puis des premiers livres de cuisine, 2. L'intérêt nouveau porté par les classes noble et bourgeoise à leur alimentation, 3. L'avènement du repas en tant que cérémonie de cour.

Plus décisive encore sera, au Moyen-Âge proprement dit, l'influence des Croisés qui, de retour de Terre Sainte, se seront frottés aux moeurs gastronomiques arabes. Quoiqu'il ne reste sur celles-ci que peu de documents, un livre arabe de 1226, appelé le «livre de Bagdad» révèle «une cuisine extrêmement raffinée»[2], beaucoup plus en tout cas que celle décrite dans les deux documents culinaires de base du Moyen-Âge: **le Viandier,** de Taillevent (le premier livre de cuisine français imprimé en 1490) et **le Ménagier de Paris,** daté de 1392 mais publié plus tard. C'est que, croit-on, les Médiévaux, presque plus soucieux de l'apparence que du goût des plats, ne savent pas encore maîtriser le dosage des herbes et des produits nouvellement introduits comme les épices et le sucre de canne, ce dernier ayant d'abord été utilisé comme substance médicinale et aphrodisiaque.

Ainsi leur cuisine se caractérise-t-elle par l'aigre et l'amer. S'ils utilisent souvent, pour «verdir» une sauce ou un plat (voir **Recettes du Moyen-Âge,** dans l'**Index des Recettes),** la ciboulette, la livèche, les menthes, le persil, la sauge et le serpolet, ils emploient aussi des herbes amères, aujourd'hui délaissées en cuisine, comme les feuilles de coriandre, l'hysope, l'absinthe et la rue, ces deux dernières étant même franchement toxiques. La Sauce Verte, à base de «vertjus», d'ail, d'oignons, d'échalotes et aromatisée de menthe, serpolet et roquette, sera, servie «avec testes de mouton, bonnes hastilles (boudins) à la moustarde et beaulx tribars (?) aux ails», l'une des favorites de Rabelais. Le «vertjus» n'est autre que du jus de raisin non mûr ou de pommes sauvages, fermenté ou non fermenté, et d'une aigreur sans nom. Ces sauces servent à aromatiser les viandes qu'on se sert, lors de festins où tout est lourd cérémonial et hiérarchie, sur une tranche de pain rectangulaire (appelée pain-tranchoir), et qu'on mange, armés de couteaux et de cuillers, rarement de fourchettes (d'abord utilisées, pour ne pas se tacher les doigts, pour manger des mûres). Comme l'écrit Barbara Ketcham Wheaton, la cuisine médiévale «va du banal à l'extravagant» et «il n'y a guère de rapports entre (elle) et l'art extrêmement subtil et souple qui s'est développé au 17e et 18e siècles».

Lors des festins, le repas comme tel n'est qu'un parmi une succession d'événements - concerts, pièces de théâtre, danses, etc. - qui «concrétisent les idéaux esthétiques et sociaux»[2] et où les puissants et les riches font étalage d'objets de luxe comme somptueux costumes, étoffes précieuses, tapisseries, vaisselle d'or, etc.. Le mauvais goût (notion, bien sûr, toute relative) n'est pas absent, comme lorqu'on présente des paons et des cygnes dressés comme s'ils étaient vivants. Comme l'écrit Madame Ketcham Wheaton: «Il y a aujourd'hui de si nombreuses étapes entre les animaux que nous voyons à l'état naturel et la viande que nous mangeons que nous ne sommes pas préparés à nous voir rappeler de façon aussi brutale que ces animaux doivent être tués pour satisfaire notre gourmandise» et d'ajouter, détail souvent passé sous silence par les auteurs, «Les festins médiévaux sont (en effet) fréquemment marqués par la ségrégation des sexes et les femmes sont plus souvent simples spectatrices».

Il ne faut pas non plus se leurrer: malgré une évolution sociale et culturelle marquée (voir à ce propos le très beau livre de Gustave Cohen, **La Grande Clarté du Moyen-Âge,** Ed. Gallimard, 1945), les festins médiévaux sont réservés à une élite et, jusqu'à la Révolution Française, et même après, le «petit peuple», c'est-à-dire la majorité, connaîtra la faim et souffrira de malnutrition chronique, sans parler des périodes de famine dues aux guerres sans nombre ou aux rigueurs d'hivers trop froids. Pierre de l'Estoile écrira, en 1596, alors qu'une famine ravage Paris: «Processions de pauvres se voyaient par les rues, en telle abondance qu'on n'y pouvait passer: lesquels criaient à la faim, pendant que les maisons des riches regorgeaient de banquets et superfluités. Chose abominable devant la face de Dieux, quelque couleurs que les hommes y donnassent». La scène aurait pu, à peu de choses près, être médiévale. Mentionnons aussi que, pendant long-temps encore, l'hygiène culinaire sera inexistant et contribuera, avec la malpropreté générale (pollution, soins du corps superficiels, si existants, etc.), à l'éclosion et la propagation des grandes épidémies de peste où sera engloutie une partie importante de la population européenne (jusqu'à 50%, selon certains auteurs).

C'est ici que les fines herbes retrouveront le rôle qu'elles avaient joué chez les Romains. On se servira d'elles - marjolaine, hysope, etc. -, en fumigations, et autrement, pour se prémunir contre la peste et le choléra. On les utilisera à d'autres fins médicinales, en partie grâce aux moines qui, en même temps qu'ils traduisent les auteurs grecs et latins que leur ont fait connaître les Arabes, les cultivent dans leurs jardins de «simples», préparant la voie à la tradition, toujours vivantes, des eaux médicinales et des liqueurs digestives comme l'Eau de Mélisse des Carmes, la Grande Chartreuse, la Vieille Cure, la Bénédictine, etc., où entrent un nombre impressionnant d'herbes aromatiques. À ce sujet, on lira, ou relira, le conte savoureux d'Alphonse Daudet, **L'Elixir du Révérend Père Gaucher, Contes du Lundi,** qui se damne avec la bénédiction de sa communauté.

Parmi les monastères célèbres de l'époque, mentionnons surtout celui de Bingen, en Allemagne, où Sainte Hildegarde, «peut-être la plus grande thérapeute du Moyen-Âge»[1], prescrit l'hysope pour «soulager les nonnes chez lesquelles le chant a provoqué de l'enrouement». C'est pourtant la même qui dira qu'il suffit de toucher un plant de marjolaine pour attraper la lèpre !

Quelques écoles médicales furent aussi très importantes: celles de Salerne, en Italie, de Montpellier, en France, et de Saint-Gall, en Suisse.

Enfin, détail amusant, à mettre au compte du goût naïf médiéval: Saint-Laurent devient le patron des cuisiniers tout simplement parce qu'il avait subi le martyre en étant rôti sur un gril. La légende précise qu'il aurait même demandé à ses bourreaux de le retourner.

Le 16e siècle: Un Amour de Sucre

Si le 16e siècle est, en Italie surtout, celui de la Renaissance, en France, en gastronomie, c'est «une période de stagnation complète ou en tout cas très prononcée»[2] et le caractère conservateur typique à toute cuisine y trouve son compte. Par ailleurs, «vers la fin du Moyen-Âge, la cuisine française dont on a gardé trace ressemble à s'y méprendre à celle des autres pays d'Europe. Il s'agit essentiellement d'une cuisine internationale dont les centres de gravité sont les diverses Cours du vieux continent».[2] Pour l'essentiel, donc, la cuisine de cette époque restera médiévale, à part quelques raffinements dont il n'est pas inutile de parler.

Si le Moyen-Âge était caractérisé par le festin, le 16e siècle le sera par la «collation» où la «plupart des plats sont froids et (où) les saveurs sucrées dominent».[2] Par ailleurs, dans le programme des réjouissances encadrant le repas, les thèmes des mythologies grecque et romaine, peuplées d'Amours, de Nymphes et de Satyres, remplacent ceux, religieux ou politiques mais toujours «lourds» de sens des allégories médiévales et, lors des repas, «on loue (ainsi) surtout la rareté et la finesse de la chère, alors qu'au 15e siècle l'abondance était la qualité la plus désirable.»[2] C'est aussi à partir de ce temps que commence la querelle, qui dure toujours, entre les tenants d'une cuisine «naturelle» (dite «nouvelle») où le goût de chacun des aliments doit être respecté, et les tenants d'une cuisine qui les amalgame pour créer des saveurs nouvelles... dont la sucrée.

On trouvait, dans le «livre de Bagdad», plus haut mentionné, deux recettes très élaborées qui sont à l'origine de la pâte d'amandes (massepain) et des berlingots. Bien que les cuisiniers de l'époque n'aient probablement pas connu cette oeuvre, le 16e siècle sera, à cause de l'influence arabe du Moyen-Âge, celui de la confiserie. On y apprendra à travailler le sucre, toujours très coûteux, et créera diverses friandises comme des dragées au gingembre ou des pastilles à la menthe, au citron et la vanille, ces dernières employées comme aphrodisiaques (en cuisine, l'estragon et la sarriette le seront aussi à cette fin). (On pourrait déduire que deux des préparations préférées des Anglais, la sauce à la menthe et la marmelade d'oranges amères sont d'origine arabe, mais c'est une autre histoire...). Très à la mode aussi seront les graines d'anis, de coriandre et de fenouil enrobées de sucre et utilisées pour rafraîchir l'haleine après un repas fortement aillé. Ce sera aussi l'apparition des premières eaux-de-vie et liqueurs (Eau d'or, Populo, etc.) qui sortent ainsi des officines des «apotécaires et espiciers» devenus, depuis 1353, grâce à l'importance du commerce des épices et autres produits nouveaux, une très puissante corporation, «occupant le deuxième rang parmi les «six corps marchands»».[1]

Une autre influence sera l'italienne, surtout par l'introduction de la fourchette et de la vaisselle en argent, en étain ou en faïence (qui remplace ainsi le pain-tranchoir médiéval), par le raffinement des moeurs et par la parution de la traduction d'un livre italien, en 1505, le **Platine en françoys,** dont l'auteur reprend la «théorie des humeurs», de Galien, et selon laquelle toute personne est, ou sanguine, ou flegmatique, ou colérique, ou mélancolique, établissant de la sorte des liens entre l'alimentation et une forme embryonnaire de diététique.

Quant à l'Italie elle-même, il y paraît un grand nombre d'ouvrages de cuisine (comme en Angleterre et en Allemagne) et on peut se demander si le commerce des épices, à l'origine de l'Âge d'Or de Venise et de Gênes, n'est pas, par répercussion, responsable de la

Renaissance, si féconde en oeuvres d'art, oeuvres littéraires et travaux scientifiques.

Alors qu'aucun livre de cuisine ne paraît en France au 16e siècle (on se contente de réimprimer, en les défigurant souvent, les livres du Moyen-Âge), en revanche, d'autres auteurs, tous gastronomes, nous laissent, concernant divers domaines, qui souvent s'interpénètrent (c'est l'une des caractéristiques de l'Humanisme), des oeuvres importantes.

À tout seigneur, tout honneur, c'est d'abord Rabelais, l'«immense» humaniste, créateur des personnages extraordinaires de Gargantua, fils de Gargamelle et Grand-gousier, de Messire Gaster, etc., et dont la joyeuse philosophie se résume en trois mots: «Trink ! Trink ! Trink!» («Bois ! Bois ! Bois !»). Il parle, bien sûr, de la Connaissance qu'il faut acquérir sans cesse.

C'est ensuite Nostradamus qui publie, en 1555, un livre au titre interminable dont la première partie traite de la fabrication des parfums et des cosmétiques, et la seconde, de la «manière de faire toutes confitures liquides tant en sucre, miel qu'en vin cuit». Il s'était, lui aussi, mis au «goût» du jour. (On peut imaginer un chef-confiseur créant un Amour décochant des flèches... de sucre !).

Enfin, c'est Olivier de Serres qui, avec son **Théâtre de l'Agriculture** (1600), donne le premier livre français d'agriculture et d'horticulture, allant même jusqu'à établir la distinction entre les jardins fruitier, potager, médicinal et «bouquetier».

C'est aussi au 16e siècle qu'on assiste à l'apparition des premiers restaurateurs-traiteurs (qui ne deviendront importants qu'après la Révolution) et à la création des premiers jardins botaniques, en Italie d'abord, puis, vers 1580, avec le Jardin des Simples, à Paris.

Enfin, c'est lors de cette période qu'apparaîtront nombre de légumes nouveaux comme l'artichaut, le chou-fleur, le cardon, le concombre et le topinambour (découvert en Amérique du Nord par Samuel de Champlain). Beaucoup de ces légumes auront été créés, à partir des variétés sauvages, par les jardiniers italiens. C'est ainsi que l'on croit que le cantaloup aurait été créé à la villa papale de Cantalupo, d'où le nom du fruit. Introduite vers la même époque d'Amérique du Sud, la pomme de terre ne s'imposera, malgré les efforts ultérieurs de Parmentier, que beaucoup plus tard. On aurait peut-être pu, grâce à elle, fournir une nourriture de culture facile au «peuple» et ainsi, qui sait, éviter la Révolution ?

Introduite vers le même temps, la tomate, considérée comme vénéneuse, ne sera d'abord cultivée que comme plante ornementale.

Le 17e siècle: La Naissance de la Gastronomie Moderne

La meilleure façon de se faire une idée de la gastronomie du 17e siècle, un siècle tout de contradictions, c'est d'abord par les oeuvres culinaires publiées à l'époque. Parmi celles-ci, mentionnons d'abord un livre publié en 1604, à Liège, **l'Ouverture de Cuisine,** de Lancelot de Casteau, et qui constitue, selon Barbara Ketcham Wheaton, le premier livre de recettes internationales et qui ne soient pas décalquées sur celles du Moyen-Âge. (Il n'existerait, selon l'auteure, qu'un seul exemplaire de ce livre, déposé à la Bibliothèque Royale Albert-1er, à Bruxelles).

Le second livre d'importance de cette époque est dû à la plume d'un des premiers grands chefs-cuisiniers célèbres, La Varenne. Publié en 1651, **le Cuisinier françois** sera, cependant, vite démodé, pour être remplacé par l'oeuvre majeure du 17e siècle, **Le Cuisinier roïal et bourgeois,** de François Massialot. Publié sous forme de dictionnaire - une innovation -, il s'avère très pratique pour les cuisiniers car il détermine l'organisation de tout ce qui concerne l'art culinaire. «Vers le milieu du 17e siècle paraissent pour la première fois en France des recettes qui font appel à un ensemble intégré de techniques, mélanges de base et matières premières, obéissant à des règles universellement acceptées» et «Aux 17e et 18e siècles, le style culinaire français va être forgé par l'organisation des cuisines d'où il émane».[2] Et l'auteure de se demander: «Coïncidence curieuse (?) avec l'époque ou Descartes s'efforce d'édifier une philosophie rationnelle...». Je n'entrerai pas dans les détails de cette «organisation» complexe comparable à celle qui prévaut toujours dans les hauts-lieux gastronomiques modernes, quels qu'ils soient, référant le lecteur et la lectrice à l'oeuvre fertile en informations de Madame Ketcham Wheaton.

D'autres oeuvres mineures paraissent, dont un des premiers traités - ils seront légion - sur les nouveaux breuvages dont va bientôt s'emparer la mode et qui «feront fureur»: **le Bon Usage du thé, du caffé et du chocolat,** publié en 1687 par Nicolas de Blégny. Enfin, il faut souligner l'influence des chefs-cuisiniers français travaillant à l'étranger et qui contribueront largement à la gloire gastronomique internationale de la France.

Quant aux rôles des fines herbes, non pas délaissées mais longtemps éclipsées par les épices, au 17e siècle, elles reviennent en force et la Mode - et les Précieux et Précieuses de la Cour du Roi-Soleil, où la «fête» est la forme de repas privilégiée - s'emparent d'elles. En cuisine, elles retrouvent leur place d'honneur. Séchées et pulvérisées, elles donnent le «pousset», ancêtre de nos sels d'herbes, employé pour aromatiser les potages. Pour farcir le ventre d'un porc, il faut ail, cannelle et clous de girofle, basilic, hysope, persil, sarriette, sauge, serpolet et thym, avec «force oseille et groseilles»».[1] Les vinaigres d'estragon et de menthe sont prisés tandis qu'à la fin d'un repas, entre un doigt de Rossolio ou de Parfait Amour, les nouvelles liqueurs, il est de bon ton de se curer les dents avec une tige de fenouil confite dans le sucre (?). Si l'on souffre d'indigestion, au pis-aller, de «vents», on boira un petit verre de Baume Tranquille, une eau-de-vie médicinale créée par le bon Abbé Rousseau, à base d'hysope, de lavande, de menthe, de romarin, de sauge et de thym. Au pire, si, souffrant de «vapeurs», vous vous évanouissez, ou feignez de le faire pour attirer l'attention d'un(e) petit(e) marquis(e) à la joue blafarde ornée d'une «mouche», on vous glissera sous le nez un petit flacon de «sels» de lavande.

Toutefois, malgré le raffinement des moeurs, le 17e siècle est inimaginablement malpropre. Je n'en donnerai qu'un exemple, tiré au hasard de l'excellente étude de Georges Vigarello, **Le Propre et le Sale** (voir **Bibliographie**) et qui cite un auteur anonyme de l'époque: «Les enfants nettoieront leur face et leurs yeux avec un linge blanc, cela décrasse et laisse le teint et la couleur dans la constitution naturelle. Se laver avec de l'eau nuit à la vue, engendre des maux de dents, etc.». (On aura beau rire, notre époque aura produit des aberrations comparables, comme par exemple avec la création des «corn flakes» destinés à éliminer, chez les enfants, la tendance à la masturbation... !). On comprend alors pourquoi les parfums sont, en ce siècle comme au suivant, omniprésents. Obtenus à partir d'essences de lavande, de romarin, etc., on s'en sert à toutes les sauces (littéralement, puisque certaines recettes de sauces culinaires vont jusqu'à contenir des produits de parfumerie comme l'eau de roses, la poudre d'iris de Florence - au suave parfum de violette), l'ambre ou le musc !) Les coussins d'herbes, les gants parfumés à la lavande ou au romarin, les «pommes d'ambre» (oranges piquées de clous de girofle) sont très en vogue. C'est aussi à cette époque qu'on crée l'Eau de la Reine de Hongrie, ancêtre de nos eaux de Cologne, et le Vinaigre des

Quatre Voleurs (voir **Index des Recettes Médicinales et Cosmétiques**).

Par ailleurs, si la peur de la peste, mais aussi des poisons, demeure omniprésente, la médecine, tout enfoncée dans les théories et les querelles, relève du charlatanisme le plus pur. Il n'est qu'à lire les féroces critiques de Molière pour s'en rendre compte. Seule la Botanique progresse avec l'oeuvre de Tournefort, précurseur du Suédois Linné qui, au siècle suivant, deviendra le Père de la Botanique moderne, malgré que son oeuvre soit, selon des critiques récentes, plus habile que géniale.

Le 18e siècle: Le Grand Siècle de la Gastronomie

Si le 17e siècle était celui de la fête, le suivant sera celui des «soupers intimes» qui, d'ailleurs, dégénèrent souvent en orgies. «Tout au long du 18e siècle, le lien entre la gastronomie et l'amour, ou en tout cas la bagatelle, sera très fort».[2] «... lorsque Louis XV régale ses intimes, les serviteurs sont exclus, de façon à ce que les hommes et les femmes puissent jouir ensemble, tranquillement, des félicités que procurent les mets les plus délicats, servis dans la porcelaine la plus fine et la plus somptueuse des argenteries, dans une atmosphère où tout respire l'élégance et la galanterie. Après le souper, ils savourent un café qu'a préparé le souverain lui-même, breuvage autrement enivrant qu'une simple liqueur».[2]

Est-ce le café qui est à l'origine de cette exacerbation, cet «énervement» des sens ? On peut se poser la question. N'est-ce pas le café, produit d'introduction récente, qui présidera à l'apparition des premiers cercles d'«Intellectuels» - Voltaire, Rousseau, Diderot, d'Alembert, etc. - puis des «salons littéraires» qui contribueront de près ou de loin à la Révolution où, cette fois, c'est le «peuple» qui «s'énervera» ! (Il n'est qu'à observer le phénomène actuel de la cocaïne pour se rendre compte de l'impact que peut avoir une drogue nouvelle sur une époque).

Parmi les grandes oeuvres culinaires du 18e siècle, il faut mentionner: **le Cuisinier moderne,** de la Chapelle, en 1735, **les Dons de Camus,** de Marin, en 1739, **la Nouvelle Cuisine,** de Menon, en 1742 (et, du même auteur, en 1746, **la Cuisinière bourgeoise,** le premier livre français exclusivement consacré à la «cuisine de femme»), **les Soupers de la Cour,** un anonyme de 1755, **le Traité historique et pratique de la cuisine,** en 1758 (attribué à Menon, l'auteur sans doute le plus important de son siècle), **le Manuel des officiers de bouche** et **le Dictionnaire portatif de cuisine,** deux anonymes parus respectivement en 1759 et 1762. Enfin, alors que **l'Encyclopédie** (parue entre 1757 et 1777) consacrera de nombreux chapitres à la cuisine, l'alimentation et l'agriculture, le Grand d'Aussy publie, en 1782, **l'Histoire de la vie privée de François,** la première histoire de la cuisine française.

Tous ces livres contribueront au fait que l'art gastronomique (le «neuvième art», selon Rabelais) atteint, au 18e siècle, dans l'invention des principes culinaires de base, des sommets qui ne seront jamais dépassés. «À quelques années de la Révolution, la France a la réputation de posséder les plus fins cuisiniers et les meilleures cuisines d'Europe».[2] Sont déjà mises au point nombre de recettes de soupes, de bouillons, d'omelettes, de sauces, de pâtisseries, etc., dont nous nous servons toujours. Pour s'en faire une idée, voir **Recettes du 18e siècle,** dans **l'Index des Recettes.**

Par ailleurs, si le 18e siècle est celui de l'établissement des règles d'or de la gastronomie, ce sera aussi, de nouveau, celui de la grande controverse entre les tenants de la cuisine «ancienne» et ceux de la cuisine «nouvelle». «L'art culinaire subit alors une transformation radicale. De façon quelque peu ironique, sous couvert de simplifier, on fait appel à des ingrédients encore plus luxueux, à des mélanges de base plus dispendieux et à des combinaisons plus recherchées».[2] «Voici venu le règne de la simplicité et de la pureté - ce qui coûte évidemment plus cher que ne le faisaient les anciennes méthodes».[2] Les oeuvres de Jean-Jacques Rousseau n'auront pas été sans contribuer à cette polémique, lui qui, recommandant le régime végétarien, repris à diverses époques, écrivait: «... il est certain que les grands mangeurs de viande sont en général cruels et féroces plus que les autres hommes», et «Je ne connoissais pas, et je ne connois pas encore de meilleure chère que celle d'un repas rustique. Avec du laitage, des oeufs, des herbes, du fromage, du pain bis et du vin passable, on est toujours sûr de me bien régaler». Exprimant à sa manière les aspirations sociales de la bourgeoisie nouvelle, son mortel ennemi, Monsieur de Voltaire - qui n'était pas «vraiment» noble et se donna lui-même la «particule» - tâta du jardinage, tout en recevant «royalement» ses invités, tous de marque, bien sûr.

Et puis, ce sera la Révolution, dont la gastronomie (le mot **gaster** signifie «estomac»...) se remettra très rapidement. Ce sera même alors comme le triomphe de la cuisine «bourgeoise» sur la «haute cuisine» aristocratique. «Le service à la française, orienté vers la pleine utilisation de l'espace, ne sera détrôné par le service à la russe, et son schéma séquentiel, qu'après 1850».[2]

C'est ici, donc, que nous abandonnons la petite histoire de la gastronomie. Mentionnons seulement les noms de quelques chefs célèbres du 19e siècle dont les oeuvres, toujours disponibles, sont d'un langage moderne et facile d'accès: Grimod de la Reynière, Joseph Favre (appelé par Louis Lagriffe le «Prince des Épices et des Aromates»), Berchoux, Brillat-Savarin, Escoffier et Carême. Deux excellentes histoires de la gastronomie sont, pour qui voudrait en savoir plus: **La table et le repas à travers les siècles,** d'Armand Lebault, Paris, 1910, et, plus récente, **Une Histoire de la cuisine française,** de Guy Christian, Paris, 1962.

Par ailleurs, si c'est au 18e siècle qu'on codifiera les usages des fines herbes en cuisine, ce sera aussi un grand siècle pour les parfums, encore tous à base de plantes, principalement cultivées à Grasse, centre mondial de la Parfumerie depuis. On créera alors l'Eau d'Ange et l'Eau Admirable (notre Eau de Cologne) de même que les «sachets odorants», qui sont à l'origine des «pots-pourris» anglais, toujours à la mode (voir recette).

C'est aussi à cette époque à la fois frivole et rationnelle qu'on assistera au début de la scission entre la Botanique et la Médecine, où les «herbes» seront les grandes perdantes. On verra comment au chapitre suivant.

Les Deux Derniers Siècles: La Raison et l'Artifice

Si, comme on l'a vu, les fines herbes ont été, tout au long de l'Histoire, intimement liées à nombre de domaines d'activité de l'homme (même le Commerce), il n'en va pas de même pour les deux derniers siècles où, après avoir été plantes magiques et médicinales, nos «amies aromatiques» se verront peu à peu presque entièrement confinées dans leur rôle condimentaire.

C'est en Médecine d'abord, une Médecine de plus en plus éclatée, spécialisée, qu'on les abandonnera, sous l'argument, partiellement justifié, que «mieux valent (pour eux) les produits de synthèse, «chimiquement purs», définis et dosés».[3] Il est vrai que depuis la découverte, par la Chimie et la Biologie, des principes actifs des plantes - de même que leurs autres composants comme les vitamines,

Note: le symbole (3) indique une référence à l'oeuvre de Jean Valnet. Voir Bibliographie.

les sels minéraux, les oligo-éléments, les protéines, etc. - on a réussi à créer des médicaments de synthèse plus stables et plus faciles à prescrire. Le défaut des essences végétales, c'est qu'elles marquent souvent «de grandes différences dans leur composition chimique»[3] car, «pour posséder leur pleine action (...), les plantes doivent provenir de bons terroirs (il existe des «crus d'essence»), avoir été récoltées en temps opportun, préparées et conservées avec art.»[3]

Or, ce n'est malheureusement pas toujours le cas (voir **Notes Critiques sur les Produits vendus dans le Commerce,** page 57).

Par ailleurs, «les caractéristiques physico-chimiques des huiles essentielles sont variables selon beaucoup de facteurs (lieu de provenance, climat et ses diverses modifications - périodes de grandes pluies ou de sécheresses prolongées - époque et moyen de récoltes, procédés d'extraction, etc.).»[3] Et d'ajouter, d'autre part, Pierre Lieutaghi, «certaines balsamiques méridionales, amies du soleil et de l'aridité, perdent une grande part de leurs vertus dans les bonnes terres du Nord.»

Était-ce une raison pour abandonner les herbes et leur préférer uniquement des produits «chimiquement purs», à l'action certes efficace et rapide mais aussi parfois très violente et dont on ne connaît jamais à coup sûr toute l'étendue ? Je ne crois pas. Je n'en donnerai pour exemple que quelques médicaments - «miracles» aujourd'hui abandonnés (Thalidomide, etc.) ou remis en question (Cortisone, tranquillisants comme Librium, Valium, etc.). Même la simple Aspirine est responsable de plus en plus d'ulcères gastriques et d'allergies. Les mêmes remarques générales valent pour les antibiotiques, substances précieuses dans les cas urgents (infections foudroyantes, maladies vénériennes, etc.) mais souvent prescrits pour rien ou avec exagération. Sans insister ici sur l'accoutumance subtile engendrée par nombre de «petites pilules», trop de médicaments dangereux (sont) souvent inutilement prescrits. Le retour à la paix médicamenteuse totale est parfois nécessaire.» (Marcel Perreault)

Un extrait d'un **Dictionnaire des Sciences Médicales** de 1850 rapporté par Pierre Lieutaghi dans son **Livre des Bonnes Herbes** vaut d'être cité en entier, car il se montre très révélateur d'une mentalité **pas si loin de la nôtre que ça:** «Les hommes qui appartiennent aux premières classes de la société... ont sur les propriétés des médicaments des préjugés qu'il serait dangereux de heurter; ils aiment la multiplicité des remèdes, ils prennent pour de grandes vertus la singularité de leurs noms, leur rareté et surtout leurs prix élevés. Médecins, n'allez pas leur prescrire ces végétaux précieux mais d'un emploi trop vulgaire, que la Nature fait croître abondamment dans nos campagnes, réservez-les pour le peuple. Voulez-vous donner une haute idée de votre génie ? N'ordonnez jamais que des remèdes extraordinaires, ou des substances amenées à grands frais des contrées les plus éloignées.» Et Monsieur Lieutaghi de commenter: «Quel vieux moine herboriste du Moyen-Âge aurait pu croire cette perversion possible: refuser le secours des herbes parce qu'elles ne coûtent rien !»

Pourtant, loin de moi l'idée de me faire - jouant, pour paraphraser Molière, au «médecin malgré moi» - le détracteur de la Médecine moderne qui accomplit des miracles quotidiens sous nos yeux.

Mais... Mais, malgré que les plantes soient capricieuses (après tout ce sont des êtres vivants) et parfois lentes à agir, «il existe dans le végétal plusieurs constituants synergiques qui font que l'action résultant de son emploi se montre moins brutale, plus prolongée, plus complète que celle des principes chimiques et qui expliquent que le médicament naturel soit, dans l'ensemble, mieux toléré par l'organisme que les substances étrangères créées artificiellement dont on connaît mal la toxicité à longue échéance et les effets accessoires.» C'est Jean Valnet, un médecin, aussi aromathérapeute, qui parle, et son argument est de taille.

Et, à qui douterait encore de la puissance des principes actifs des herbes, «fines» ou «vulgaires», rappelons seulement l'existence de plantes aussi violemment toxiques que le datura, l'aconit ou la digitale. Par ailleurs, de nombreuses essences de plantes sont, «à certaines doses (généralement élevées) et pour les sujets **prédisposés**»[3], **épileptisantes (hysope, fenouil, romarin, sauge) ou stupéfiantes (anis, mélisse, menthe, origan).** On doit donc toujours manipuler **avec les plus grandes précautions** les essences ou les huiles essentielles (plus concentrées) de la plupart des fines herbes (ici l'objet de notre étude). «J'ai dit, je redirai qu'il est tout à fait vain de vouloir utiliser les herbes avant d'avoir appris à les connaître, non seulement vain mais parfois dangereux». (Piette Lieutaghi) Et cet auteur de donner comme exemple celui de l'Apiol, un principe essentiel très dangereux si mal utilisé, et tiré d'une plante aussi «banale» que le persil.

Ainsi, l'utilisation médicinale des herbes, fines et autres, devrait être, selon moi, avant tout envisagée **dans la perspective d'une médecine préventive et curative seulement de troubles de santé**

mineurs (comme grippes, indigestions, engorgement du foie, insomnie, etc.). Même si l'idée relève un peu de l'utopie, n'en coûterait-il pas bien moins cher à l'État si les gens, se mettant «à l'écoute de leur corps», apprenaient à soigner eux-mêmes les troubles bénins dont ils souffrent ! Les quelques recettes médicinales présentées dans ce livre l'ont été en conséquence de ce point de vue.

Enfin, les herbes ne sauraient faire de miracles et c'est dans le contexte d'un style de vie harmonieux - alimentation saine (variée et complète), aménagement des loisirs et exercice physique, rythme de vie équilibré, retours périodiques à la Nature, etc. - que leur utilisation doit d'abord être considérée, non dans le contexte de la maladie déjà déclarée, puisqu'il semble bien que le temps de la «tante arrivant de la campagne avec sa valise bourrée de savoyane, d'herbe à dindes, de verge d'or et d'autres herbes sauvages, pour vous soigner» soit tout à fait révolu.

Parallèlement à la Médecine, et en ce qui concerne de près ou de loin les fines herbes, d'autres sciences se seront considérablement développées au cours des deux derniers siècles. Ce sont: l'Hygiène (en particulier avec les travaux de Pasteur), la Diététique et enfin, par un juste retour des choses, la Phytothérapie (thérapie par les plantes) mais surtout l'**Aromathérapie.**

Quoique cette dernière, développée par des médecins de nombreux pays, et reprise maintenant par les Américains, ne jouisse pas encore de tout le prestige qui devrait être le sien, il se pourrait que, dans les années qui viennent, avec ce que nous savons désormais des ravages incroyables - certains les croient irréversibles - exercés par le CHIMIQUE, tant dans l'organisme que dans l'environnement, cette science en devienne une de pointe. Consistant en une thérapie à base d'essences de plantes aromatiques (herbes mais aussi épices), l'Aromathérapie pourrait trouver en nombre de domaines - Médecine, mais aussi Agriculture, Arboriculture, etc.) des applications précieuses et non dommageables pour la santé de l'Homme comme celle de la Terre.

Sera-ce enfin, en notre civilisation qui, selon le mot de Pierre Lieutaghi, «atteint les limites de la négation de la Nature», la «revanche» des herbes (elles qui sont pourtant si peu agressives) ? Le problème demeure encore, avec l'Aromathérapie, que par rapport aux médicaments de synthèse créés par les puissants cartels pharmaceutiques (ne mentionnant qu'au passage les multinationales productrices d'engrais, insecticides, fongicides, pesticides, etc. chimiques), les essences végétales sont d'un prix assez élevé. Si élevé que, même en parfumerie et en cosmétique, elles ont cédé presque toute la place à des produits de synthèse. Tout n'est-il désormais qu'une question de «gros sous» ? Issue des traditions les plus anciennes, mais modernisées, l'Aromathérapie obtiendra-t-elle un jour la place qui lui revient de droit ? L'avenir seul - s'il en est un - nous le dira. (Sur les essences de plantes, voir notes supplémentaires, page 53).

Ainsi donc, nés de la plume de Descartes et de la Révolution, les deux derniers siècles auront été ceux de la Raison et de l'Artifice. De nombreux progrès auront été réalisés, des erreurs «monumentales», commises. «E pur si muove !», «Et pourtant, elle tourne» encore, notre civlisation (le cri du coeur de Galilée faisait, bien sûr, référence à la rotation de la Terre), malgré les innombrables problèmes auxquels elle est confrontée: faim dans le monde, surpopulation, déboisement de la planète, érosion des sols, etc.

Pour en finir donc, avec cette petite histoire des fines herbes, dont on pourrait presque dire de leur rôle qu'il est symptomatique d'un certain Esprit de Civilisation, quelle place occuperont-elles, disons, en l'an 2 500 ? Car il est certain, selon la théorie du médium-message de McLuhan, que les progrès récents enregistrés en cuisine (invention d'instruments comme le four micro-ondes, le robot culinaire, le congélateur, etc.), tout en simplifiant et accélérant la préparation des aliments, ne seront pas sans transformer, à la longue, nos habitudes alimentaires. (L'accès aux gastronomies et aux produits du monde entier aura aussi son rôle à jouer dans cette évolution).

De quoi se nourriront les hommes des siècles futurs ? De pastilles de «soylent green» - soit, de chair humaine transformée -, comme dans le film apocalyptique du même nom (en français, **«Le Soleil Vert»**), de fruits importés d'autres galaxies, ou d'aliments géants tels que nous en promettent déjà la Biologie et la Génétique, ou quoi ? Le tourbillon et le vertige dans lesquels notre civilisation s'est, tête première, engouffrée, seront-ils devenus à ce point violents que les hommes n'auront plus que quelques minutes par jour à consacrer à leurs besoins essentiels ? À moins que, comme Thérèse Neumann, cas vérifié par la science, nous soyons rendus à un tel degré d'évolution spirituelle que nous n'ayons plus besoin de nous sustenter ?

J'avouerai que moi, terrien sensuel et gourmand, comme je me doute bien de n'être plus là, je m'en moque un peu.

«Sans rien demander,
j'aimerais seulement

que non loin de là
où je me serai éclipsé,
Au nez d'un enfant,
flotte encore, léger,
quelque doux parfum
de vert baume ou de serpolet...».

Mode de Description employé

Il m'a paru judicieux de donner, pour chacune des vingt-cinq plantes traitées dans le livre:

A. **L'origine de son nom** (pour plus d'information, voir mon article **L'Art d'Insulter les Fleurs** paru dans les numéros de juillet et août 1986 de **Québec-Science**);

B. Quelques **Mythes et Légendes** qui s'y rattachent;

C. Une **Description Botanique Simple,** de même qu'une description, tout analogique, et forcément subjective, de l'odeur, parfois de la saveur, de chacune. Ainsi, alors que certaines ont une odeur anisée (aneth, estragon, fenouil, etc.), citronnée (mélisse, thym et menthe citronnés, etc.) ou «menthée» (cataire, menthes, etc.), d'autres ont une odeur douce (thym), chaude (romarin) ou même poivrée (estragon). Mentionnons aussi que les plus aromatiques des Labiées (voir un peu plus loin) dégagent une odeur et une saveur plus ou moins camphrées qui leur confèrent un léger arrière-goût, non désagréable, d'amertume. Enfin, alors que la lavande donne un parfum suave qui la fait bannir culinairement, le marrube est d'une amertume telle qu'on ne s'en sert que comme plante médicinale. (J'ai délibérément écarté des plantes toxiques comme l'absinthe et la rue, cultivables au Québec mais d'usages vraiment trop restreints).

Sur la différence qui existe entre les termes utilisés pour décrire les produits végétaux, autres que fruits et légumes, employés en cuisine, disons, encore tout subjectivement, que:

a) un **Aromate** est tout produit doté d'un arôme, fort ou doux, et employé pour parfumer un plat (la vanille, et à un degré moindre, le café et le chocolat, sont aussi des aromates),

b) une **Épice** est un aromate à la saveur et au parfum chauds et brûlants (les graines de coriandre sont une épice),

c) une **Herbe fine** est un aromate à la saveur et au parfum doux ou plus chauds, jamais brûlants,

d) un **Condiment,** qui est aussi souvent considéré comme un légume, est d'une saveur acide, piquante, froide ou brûlante (ail et ciboulette, ici décrits, sont des condiments, de même que la câpre, le cornichon, la capucine, la moutarde, le raifort, le cresson et l'oseille).

Tout est ici question de nuance, puisque chaque plante a sa personnalité propre (c'est bien pourquoi il vaut la peine de les cultiver toutes).

Pour résumer un peu mon propos, rappelons les vers de l'École médiévale de Salerne:

> «*De ce que produit la Nature*
> *Pour remède ou pour nourriture*
> *On peut par la simple saveur*
> *Reconnaître aisément le froid ou la chaleur.*
> *Le salé, l'amer, l'âcre échauffent; au contraire*
> *Toute chose aigre rafraîchit*
> *L'âpre resserre, il rétrécit:*
> *L'insipide et le doux font un suc salutaire*
> *Qui purifie, humecte et, d'un commun aveu*
> *Entre les deux excès tient un juste milieu.*»

D'autre part, toutes les fines herbes aromatiques appartiennent (sauf l'ail, la bourrache, la ciboulette et l'estragon) à deux grandes familles botaniques: les **Labiées** et les **Ombellifères.** Pour communiquer, à qui tient ce livre entre ses mains, un peu de l'Esprit de ces deux familles de plantes «supérieures», il m'a paru valable de truffer mon texte de quelques extraits de **L'Homme et les Plantes Médicinales,** de Wilhelm Pelikan, une étude très inspirée sur les rapports profonds existant entre l'homme et les plantes:

1. Les **Labiées:** Regroupant en son sein plus de 3 000 espèces, la famille des Labiées doit son nom au fait que la plupart d'entre elles ont des fleurs en forme de lèvres («la «lèvre» supérieure de la fleur se bombe, se voûte; la «lèvre» inférieure s'en sépare et s'avance...»).

Plantes amies du soleil et des sols calcaires et secs, «une accumulation d'eau leur est tout à fait étrangère.» Ainsi, «la chaleur les saisit et structure les Labiées, à un degré absolument unique». «Ce qui s'exprime là, c'est un désir ardent d'arriver, le plus vite possible, au processus floral.»

Chez la Labiée, le «type s'affirme avec une perfection suprême sur les hauteurs montagneuses de la région méditerranéenne, avec de brèves saisons de pluie au printemps, de longs étés secs et clairs, la prédominance des forces cosmiques. Là croissent les espèces les plus nobles et les plus magnifiquement odoriférantes: Lavande, Romarin, Thym, Sauge et d'autres».

C'est pourquoi, exilées au Nord, dans des sols trop riches et trop froids, ces plantes ne produisent plus que des arômes faibles, surtout par été pluvieux, alors que dans leurs lieux de croissance privilégiés (Provence, Grèce, Espagne, etc.), leurs essences sont parmi les plus précieuses, autant pour la médecine que la parfumerie. Il ne faut pas non plus s'étonner que les Labiées, si «quintessentielles», soient parmi les plus nectarifères de toutes les plantes. D'ailleurs, l'une d'entre elles, la Mélisse, doit son nom au grec **mélissa,** «abeille».

Au Québec, seules sont naturalisées ou naturalisables: le **Cataire,** l'**Hysope,** l'**Origan,** les **Menthes** (rares Labiées à préférer l'humidité), le **Marrube** et le **Serpolet.** (Tel qu'indiqué ailleurs, le cataire, l'origan, diverses menthes et le serpolet se rencontrent sur le Mont-Royal).

Plus sensibles au froid, la **Lavande,** la **Marjolaine,** la **Mélisse,** la **Sarriette d'hiver,** la **Sauge** et le **Thym** ne résistent pas toujours, même protégées d'un bon paillis, aux rigueurs de l'hiver.

Le **Romarin,** lui, peut-être la plus noble de toutes les Labiées, doit, en hiver, être cultivé à l'intérieur, avec un maximum d'ensoleillement et des soins adéquats.

Seules sont cultivées comme annuelles le **Basilic** et la **Sarriette d'été.**

Enfin, une Labiée sauvage, l'**Hédéoma faux-pouliot** donne une huile essentielle médicinale.

Toutes les Labiées ici décrites ont, tant à cause de leurs feuillages aux verts clair (menthe), profond (romarin) ou cendré (sauge) que leur abondante floraison (fleurs généralement bleues ou mauves), une grande valeur ornementale, soit dans une rocaille, soit dans un jardin «bouquetier» (pour reprendre la jolie expression d'O. de Serres). De plus, toutes attirent les abeilles au jardin potager (ou au verger) et certaines ont une action insecticide profitable aux autres plantes.

2. Les **Ombellifères:** Elles doivent leur nom au fait qu'elles portent, lors de leur floraison, des «ombelles» ces plantes forment une famille de plus de 2 600 espèces.

Alors que les Labiées aromatiques marquent le plus souvent une préférence pour le soleil ardent et les sols secs, en hauteur, les Ombellifères, plantes chez lesquelles se manifeste «une richesse inouïe des formes foliaires, dont on ne trouve guère d'équivalent ailleurs, dans le monde végétal», sont amies de la terre profonde (et riche) et de l'air. Cette double nature se retrouve aussu bien dans leur cycle de vie, parfois bref (c'est le cas du cerfeuil), plus fréquemment bisannuel. Je laisse Wilhelm Pelikan décrire ce cycle de vie tout à fait particulier: «De ces feuilles ramifiées à l'extrême et s'aventurant à tâtons dans l'espace, et en même temps, du travail commun de la lumière, de l'air, de l'eau et des sels de la terre, - naît un organe souterrain enfoncé puissamment et conservé jalousement dans le sol, généralement pendant un an, parfois pendant plusieurs années. C'est une contraction vitale (systole) qui construit une racine charnue, un rhizome vigoureux ou un tubercule renflé. Les forces cosmiques sont aspirées ici jusque dans le rôle inférieur, terrestre, de la plante; du cosmique est «invaginé» dans le terrestre».

«Mais bientôt, succède à cette «année de la racine» une «année de la fleur et du fruit». La pousse s'élève rapidement, s'entoure d'autant de feuillage qu'elle peut en porter, puis fait éclater son axe en un faisceau de rayons (ombelle) dont chacun engendre à son tour un faisceau de rayons secondaires (ombellules). Le tout paraît être une exhalaison de ce qui a été inhalé l'an précédent.» «Au-dessus de la plante verte plane alors, comme une nuée d'étoiles, la multitude des fleurettes, non pas serrées, mais réunies de façon lâche, en ombrelles, en coupoles. Ces fleurettes sont peu spectaculaires, peu colorées, généralement blanches ou verdâtres; leur odeur est faible et peu caractérisée. Elles s'offrent, largement ouvertes, planes, bien étalées, avec des étamines qui rayonnent et divergent: le principe du rayonnement est donc respecté d'un bout à l'autre de ce développement et jusque dans le détail».

Par ailleurs, «il se forme des substances aromatiques, mais elles sont plus denses, plus pesantes, d'une senteur plus âpre que les odeurs florales; notre organe olfactif leur trouve quelque chose de rude, de non achevé, de fade-aqueux ou de sombre-terrestre, qui interdit de les comparer à un parfum de Lavande ou de Rose. Étant donné que la vraie région de l'odorat est l'aérien-calorique, alors que celle du goût est le liquide-solide, on peut accorder aux Ombellifères, tout au plus, un arôme gustatif ou une saveur odorante».

C'est cette «saveur odorante» qui nous fait cultiver, pour leurs racines succulentes, la carotte, le céleri-rave et le panais, pour leurs pétioles tendres et sucrés, le céleri et le fenouil de Florence, pour leurs tiges feuillues, l'**Aneth,** le **Cerfeuil,** la **Livèche** et le **Persil,** et pour leurs semences (surtout), l'**Anis,** le **Carvi,** la **Coriandre** et le **Fenouil.**

Peut-être à cause de la nature «aérienne» de cette famille, les semences des Ombellifères (sauf la coriandre), gardent leur pouvoir germinatif peu de temps. C'est pourquoi il est souvent préférable de les planter aussitôt obtenues ou cueillies. Nombre d'Ombellifères se ressèment souvent d'elles-mêmes au jardin.

Au Québec, on cultive, comme annuelles: l'**Aneth,** le **Cerfeuil,** l'**Anis,** la **Coriandre** et le **Fenouil,** et comme bisannuelles: le **Carvi** et le **Persil.** Seule la **Livèche** est vivace.

Parmi les Ombellifères aromatiques sauvages, mentionnons le Carvi, la Livèche écossaise et la **Cryptoténie du Canada** (consulter la **Flore Laurentienne**). C'est aussi à cette famille qu'appartient la violemment toxique et célèbre Cigüe.

Par comparaison avec les Labiées, les Ombellifères sont, malgré l'élégance du feuillage de certaines, de peu de valeur ornementale.

On tiendra compte, dans l'établissement des diverses fines herbes aux jardins potager ou floral, de la taille de chacune.

Parmi les grandes fines herbes traitées ici, seul l'**Estragon** appartient à une autre famille botanique, celle des Composées. C'est à cette famille qu'appartiennent nombre de plantes comestibles (laitue, pissenlit, salsifis, etc.) ou médicinales (camomille, verge d'or, etc.). L'**Achillée millefeuille,** mieux connue sous le nom d'Herbe à dindes, pourrait servir d'aromatique.

Enfin, si l'**Ail** et la **Ciboulette** sont des Alliacées, la **Bourrache,** plante condimentaire plutôt qu'aromatique, est une Borraginée, comme sa jolie cousine, le Myosotis;

D. son **Mode de Culture:**

(Pour le détail de la culture de chaque plante, voir dans le **Corps Central du Livre,** de même que le **Tableau 1: Mode de Culture des Fines Herbes**).

a) **Modes de Semis et de Multiplication:** Alors que le **semis intérieur** (en mars-avril) est recommandé pour les herbes à germination et croissance lentes (basilic, romarin, etc.), le **semis en pleine terre** convient à la plupart d'entre elles. Si les semences des Ombellifères gardent leur pouvoir germinatif peu de temps, celles des Labiées conservent le leur quelques années, à condition, bien sûr, d'être gardées à l'abri de la lumière, de la chaleur et de l'air. Par ailleurs, si, lors du semis, les graines sont généralement couvertes de trois fois leur volume de terre, d'autres doivent être à peine couvertes (lavande, persil).

Si certaines herbes se ressèment souvent d'elles-mêmes (aneth, bourrache, cataire, etc.), d'autres peuvent se multiplier par division de touffes ou de racines, généralement à tous les 3 ou 4 ans. Cette division peut même s'avérer nécessaire à la bonne santé des plantes. Les surplus peuvent alors servir de monnaie d'échange pour obtenir, chez ses amis ou voisins, des plantes nouvelles.

Une autre méthode de multiplication, un peu plus délicate, est le **bouturage de printemps,** applicable à presque toutes les plantes vivaces. Il s'agit tout simplement de choisir, à la circonférence du plant-mère, quelques tiges qu'on couche et maintient dans le sol avec de petites fourches de bois. Quand ces tiges ont, au bout de plusieurs semaines, formé des racines, on les sépare du plant-mère et les plante à part.

Le **semis intérieur** proprement dit se fait dans des boîtes de tourbe (ou autre matériel) à fond troué et emplies d'un mélange d'une partie de terreau stérilisé pour 1/2 partie de perlite ou vermiculite et 1/2 partie de sable. On sème ensuite les graines qu'on recouvre (ou non) de terre fine. On arrose alors la terre à fond avec de l'eau tiède, on la laisse bien s'égoutter puis on couvre les boîtes de morceaux de plastique transparent percés de trous avec une épingle et qu'on fixe avec des braquettes (punaises). Dès que les semences ont germé et formé une paire de vraies feuilles, on retire les morceaux de plastique et on fournit ensuite aux plantes la lumière (12 heures ou plus par jour), et la chaleur (obtenues à partir d'un éclairage au néon combinant les rayons infra-rouges et ultra-violets) et les arrosages qu'elles requièrent.

Si nécessaire, les plantes seront repiquées une fois avant leur installation en pleine terre, généralement fin mai ou début juin, quand tout danger de gelée est passé. Supportant mal la transplantation, le persil sera semé en pots de tourbe individuels.

Détail capital, durant tout le temps de leur croissance à l'intérieur, les boîtes d'herbes devront être gardées dans **un lieu assez frais, propre et bien aéré, mais sans courants d'air.** À moins d'être très larges, les rebords de fenêtre sont particulièrement déconseillés: la lumière y est trop diffuse, l'air, trop sec, et les températures, trop inégales. On évitera ainsi les deux problèmes majeurs à s'attaquer aux semis intérieurs: la fonte et l'apparition de champignons qui les infectent et les tuent.

b) **Type de Sol requis:** Si la plupart des fines herbes croissent bien dans toute bonne terre de jardin (légère, meuble, modérément fumée et bien drainée), en revanche, les Labiées donneront des arômes plus puissants si cultivées dans une rocaille ou un sol sec, calcaire et bien drainé. Seules, parmi les Labiées, le basilic et les menthes apprécient une certaine humidité pour leurs racines. Ces deux dernières herbes ne doivent jamais être manipulées par temps humide, ce qui provoque souvent la rouille des feuilles.

c) **Exposition:** Si la plupart des fines herbes exigent le plein soleil, d'autres peuvent s'accommoder d'une ombre partielle. C'est le cas du cerfeuil, de la mélisse et du persil. Dans la mesure du possible, les herbes seront protégées contre les vents trop violents et exposées au sud (par rapport à l'orientation de sa maison).

d) **Distance entre Rangs et Plants:** Généralement, pour les besoins domestiques, quelques plants (8 à 12) de chaque herbe suffisent. Pour les vivaces rustiques, si une touffe de livèche fait l'affaire, 2 à 3 touffes de chacune des suivantes suffiront: cataire, ciboulette, estragon, hysope, marrube et chacune des menthes.

Par ailleurs, seuls l'ail et le carvi méritent d'être cultivés en rangs (et en grand), le premier de manière à en avoir une provision suffisante jusqu'au printemps suivant, le second, surtout pour ses racines succulentes qu'on cueille à la fin de la première année de croissance (fin octobre), en réservant quelques plants pour les semences qui viennent la deuxième année.

e) **Soins lors de la croissance:** Au jardin, les fines herbes sont beaucoup moins exigeantes en soins que les légumes et se contentent généralement de quelques sarclages en début de croissance. C'est en automne surtout que les vivaces sensibles au froid (lavande, marjolaine, mélisse, sarriette d'hiver, sauge et thym) réclament d'être taillées et protégées, d'un épais paillis, contre l'alternance des gels et des dégels qui, plus que le froid lui-même, risque de les tuer. Une épaisse couche de neige aura de même un rôle isolateur précieux. Ce paillis devra, le printemps suivant, être retiré dès que le sol se sera réchauffé suffisamment et que les plantes auront repris leur cycle de croissance.

f) **Récolte et mode de conservation:** Si les feuilles de la plupart des herbes se cueillent, dès qu'elles ont atteint une taille suffisante, au besoin, la récolte principale a généralement lieu en début de floraison. Comme l'écrit Pierre Lieutaghi: «Quand cueillir les plantes ? La sève, sang du végétal, n'est pas seulement soumise aux rythmes saisonniers bien connus mais aussi à d'importantes fluctuations journalières: les parties aériennes sont particulièrement chargées de sucs le matin, les parties souterraines le soir. On doit récolter tiges, feuilles et fleurs sitôt la rosée dissipée et les racines à la tombée du jour».

Par ailleurs, «... la fleur étant l'expression totale de l'être végétal, sa raison d'être, on comprendra que l'époque qui précède la floraison est généralement le temps optimum de la cueillette des parties aériennes. Pour beaucoup de plantes, cet instant de tension particulière se situe aux alentours du solstice d'été (24 juin) et ce n'est nullement par superstition gratuite que les anciens consacraient le matin de la Saint-Jean à la collecte des Simples. Pour toutes les herbes qui fleurissent au début de l'été et dont on utilisera les sommités, on préférera donc, quand le temps le permet, le plus long jour de l'année».

Au Québec, ces indications ne s'appliquent, évidemment, qu'aux seules fines herbes vivaces rustiques et «semi-rustiques»; en effet, nombre d'herbes, bisannuelles ou vivaces rustiques en France, sont ici cultivées comme annuelles et fleurissent plus tard en été.

Donc, récoltées le matin, après que la rosée a séché mais avant que le soleil ne se lève, les herbes seront attachées en petits bouquets puis mises à sécher, suspendues, dans un lieu assez frais, sec, propre et bien aéré. Plus rapide sera le séchage et mieux elles conserveront leurs essences aromatiques.

Si certaines herbes se sèchent bien (cataire, feuilles de livèche, marjolaine, menthes, origan, romarin, sarriette, sauge et thym), par contre, d'autres se sèchent mal ou perdent, à la dessiccation, toute valeur. Ce sont: l'aneth, la bourrache, le cerfeuil, la ciboulette, les feuilles de coriandre et de fenouil, et le persil. On usera, avec elles, des autres modes de conservation (voir un peu plus loin). Si le basilic se conserve assez bien séché, quoique ses feuilles aient tendance à brunir ou noircir, il est préférable de le conserver dans le beurre (à congeler) ou l'huile d'olive.

Une fois séchées, les herbes sont coupées grossièrement et de celles qui ont des tiges ligneuses (basilic, estragon, etc.), on ne garde que les feuilles entières. On les place ensuite, sans les écraser, dans des boîtes de bois (jamais de métal), des sacs de papier épais ou des pots de verre teinté qu'on garde à l'ombre, dans un endroit assez frais, car si les herbes sont mortes, leurs essences continuent, elles, si l'on peut dire, à vivre. Il est aussi recommandé d'indiquer sur les boîtes, sacs ou pots, la date de l'année de récolte puisqu'il faut renouveler ses stocks d'herbes chaque année. Elles auront, au bout de ce temps, perdu, sinon leurs arômes et leurs saveurs, du moins la plupart de leurs vertus médicinales. C'est ainsi qu'à la dessiccation, le cerfeuil, la ciboulette et le persil perdent presque toute leur valeur vitaminique. (Ces herbes ne servent alors, tout au plus, qu'à «verdir» un plat).

Le pire endroit où conserver ses herbes (et ses épices) est au-dessus de la cuisinière; la chaleur dégagée par cette dernière aura tôt fait d'en réduire à néant la valeur. Les «jolies» petites armoires à herbes et épices vendues dans le commerce sont presque une aberration, surtout si, en plus d'être placées au-dessus de la cuisinière, les herbes et les épices sont exposées, en pots **transparents,** à la lumière.

Pour résumer, disons que les **tiges feuillues** (ou sommités) se récoltent au début de la floraison, les **fleurs** (bourrache et lavande), en pleine floraison mais avant que les corolles ne soient trop épanouies, les **racines** (carvi et persil surtout), à la fin de la première année de croissance ou très tôt le printemps suivant, avant qu'elles ne commencent à se lignifier, les **graines,** la première année de croissance pour l'aneth, l'anis, le cerfeuil, la coriandre et le fenouil, et la seconde, pour le carvi et le persil. Les semences de la livèche peuvent aussi servir d'aromate. Ces remarques valent pour la récolte de **toutes les plantes médicinales sauvages** (achillée mille-feuille, verge d'or, savoyane, etc.).

Autres Modes de Conservation

Si quelques herbes peuvent être conservées dans le sel (voir recette d'**Herbes Salées**), d'autres peuvent l'être dans le vinaigre, l'huile d'olive, le beurre ou l'alcool (voir diverses recettes de **Vinaigres, Huiles, Beurres et Essences**).

Nombre d'herbes peuvent aussi être congelées telles quelles, après blanchiment de quelques secondes en eau bouillante puis refroidissement rapide à l'eau courante et essorage. Le blanchiment préserve la couleur et la saveur d'herbes autrement non conservables (comme l'aneth, le cerfeuil, les feuilles de coriandre, la ciboulette et le persil). Le basilic et la livèche se prêtent au même traitement.

Ainsi préparées, puis hachées, ces herbes peuvent aussi être placées dans un bac à glace puis couvertes d'eau. Une fois les cubes formés, les séparer et placer dans des sacs de plastique épais. Ces «cubes d'herbes» serviront à aromatiser les soupes et les plats mijotés.

Les «beurres d'herbes» à congeler, conservables 6 mois environ (préparer les quantités en conséquence) se feront en mélangeant bien, soit 2 tasses d'herbes hachées et 1/2 tasse d'huile d'olive, soit 1/2 tasse d'herbes et 1/2 tasse de beurre. On peut ainsi conserver l'ail et les feuilles d'ail des bois, l'aneth, le basilic, l'estragon, le romarin, la sauge et le thym. On peut aussi faire des cubes à congeler, plus petits, bien sûr, de ces beurres. Pour éviter qu'il ne communique son odeur aux autres aliments, le beurre d'ail sera congelé dans un double sac de plastique.

(Pour le résumé, voir **Tableau II: Modes de Conservation des Fines Herbes**).

Notes sur la Culture Intérieure des Fines Herbes

En pratique, pour des raisons d'économie d'espace, seules quelques herbes valent, selon moi, d'être cultivées à l'intérieur. Ce sont: le basilic à petites feuilles, le cerfeuil, la ciboulette, l'estragon, la marjolaine, le persil, le romarin, la sauge et le thym, dont les arômes frais ne sont comparables à rien d'autre. La lavande vaut aussi d'être cultivées pour la beauté et le parfum de ses fleurs.

La première chose à savoir sur les fines herbes, c'est qu'il est inutile de songer à les cultiver à l'intérieur si l'air ambiant de sa demeure est trop sec et trop chaud et si, par ailleurs, on n'a pas le temps nécessaire à leur consacrer. Plantes amies du grand air, les fines herbes **exigent,** outre des soins constants, un maximum de lumière, de la fraîcheur, de l'humidité et beaucoup d'oxygène. D'un autre côté, peu d'entre elles survivront aux courants d'air, aux variations brusques de température, surtout si placées dans une cuisine, près d'une fenêtre ou d'une source de chaleur. Comme pour les semis intérieurs, une source de chaleur et de lumière d'appoint leur est presque essentielle. Un humidificateur leur sera, comme à vous, des plus bénéfiques.

Quant au sol employé, il sera composé d'un mélange d'1/3 de terreau stérilisé, 1/3 de mousse de tourbe et 1/3 de sable. Sauf pour le basilic, le cerfeuil, la ciboulette et le persil qui apprécient une humidité constante, on laissera sécher le sol entre les arrosages et ces derniers seront pratiqués à fond, de manière à ce que tout le système radiculaire des plantes soit atteint par l'eau. (Le plus simple est encore de placer ses pots dans une baignoire ou un évier, de les arroser puis laisser s'égoutter à fond avant de les remettre dans leurs assiettes). Lors des arrosages, on en profitera, de temps à autre, pour vaporiser le feuillage. L'eau utilisée aura auparavant été mise à reposer 24 heures pour permettre l'évaporation du chlore.

Alors que les Labiées apprécient un sol calcaire, pas trop riche, les autres herbes seront engraissées (engrais naturel, bien sûr) 1 fois par mois durant le printemps et l'été, 2-3 fois, au plus, durant l'automne et l'hiver (période de dormance).

Une taille assez fréquente des plants en renforcira la base, permettant ainsi le jaillissement de rameaux plus vigoureux. De même, pour en assurer une croissance harmonieuse, les plantes exposées au soleil seront retournées de temps à autre.

Les plantes obtenues par semis intérieur et gardées dans la maison (toujours au même endroit, si elles y prospèrent) seront, même si leur croissance s'en trouve réduite, plus résistantes que celles prélevées en pleine terre à la fin de l'été. Si l'on désire quand même placer ses plants d'herbes à l'extérieur en été, on les laissera, de préférence, dans leurs pots. Gardées ainsi sur un toit, un balcon, une galerie, etc., les fines herbes devront absolument être protégées contre la violence du soleil et du vent qui peuvent, en quelques heures, les tuer. Elles devront aussi alors être arrosées beaucoup plus que les plantes gardées à l'intérieur. Si les plantes deviennent trop à l'étroit dans leurs pots, on les transplantera (voir notes supplémentaires dans **Culture intérieure du Romarin**).

Toutes les parties mortes des plantes de même que les dépôts se formant en surface du sol seront éliminés à mesure. La surface du sol sera, de temps à autre, délicatement grattée et retournée avec une fourchette, en faisant attention de ne pas briser les racines des plantes. Ceci permettra une meilleure «respiration» du sol.

Enfin, si les plantes sont attaquées par les insectes («mouches blanches», etc.), on les vaporisera avec de l'eau dans laquelle on a fait dissoudre un peu de détergent à vaisselle. On s'assurera un peu plus tard de bien laver ses plants pour qu'ils ne gardent pas ce goût de détergent - fort désagréable dans une soupe. Si l'infestation persiste, essayez de sauver les plantes en les taillant, sinon, détruisez-les plutôt que d'employer des insecticides, même naturels. Il ne faut jamais perdre de vue qu'une «plante d'intérieur» n'est jamais dans son élément naturel. Si elle peut, à l'extérieur, avec le concours de la terre, de l'air, de la rosée et de la pluie, du «vrai» soleil, etc., se défendre elle-même, elle perd à l'intérieur la plupart de ses moyens d'auto-défense.

Capricieuses, ces fines herbes, me direz-vous ? Bien sûr, ce sont des **êtres vivants...** !

TABLEAU I: MODE DE CULTURE DES FINES HERBES

	SEMIS		TYPE DE SOL	EXPO	TYPE DE PLANTE ET FAMILLE	TAILLE EN CM	DISTANCE ENTRE PLANTS EN CM	QUAND RÉCOLTER	MODES DE MULTIPLICATION	CULTURE INTÉRIEURE PROFITABLE	REMARQUES DIVERSES
	INTÉRIEUR	EN PLEINE TERRE									
AIL		FIN-AVRIL	TRÈS RICHE ET FUMÉ	PLEIN SOLEIL	ALLIACÉE ANNUELLE	30	10-12	FIN D'ÉTÉ	PAR SEMIS DE GOUSSES	NON	NE PLANTER QUE LES GROSSES GOUSSES
ANETH (1)(2)		MAI	MEUBLE ET RICHE	PLEIN SOLEIL	OMBELLIFÈRE ANNUELLE	60-80	20	AU BESOIN FIN D'ÉTÉ	SEMIS	NON	LES GRAINES SONT CUEILLIES À MATURITÉ
ANIS (3)		MAI	LÉGER ET RICHE	PLEIN SOLEIL	OMBELLIFÈRE ANNUELLE	50	20		SEMIS	NON	LES GRAINES SONT CUEILLIES À MATURITÉ
BASILIC	MARS-AVRIL		LÉGER ET FUMÉ	PLEIN SOLEIL	LABIÉE ANNUELLE	40	25	AU BESOIN FIN D'ÉTÉ	SEMIS	OUI	COUPER LES FLEURS AVANT FORMATION
BOURRACHE (2)		AVRIL-MAI	SABLEUX HUMIDE	PLEIN SOLEIL	BORRAGINÉE ANNUELLE	60	30	AU BESOIN	SEMIS	NON	CUEILLIR LES FLEURS FRAÎCHEMENT ÉPANOUIES
CARVI (1)(2)		AVRIL	RICHE ET MEUBLE	PLEIN SOLEIL	OMBELLIFÈRE BISANNUELLE	60	10	RACINES EN AUTOMNE		NON	LES GRAINES SONT CUEILLIES LA 2e ANNÉE
CATAIRE (2) (HERBE À CHATS)		AVRIL	MEUBLE PEU EXIGEANT	SOLEIL	LABIÉE VIVACE RUSTIQUE	100	30	AU BESOIN FIN D'ÉTÉ	SEMIS OU DIVISION DE TOUFFES	NON	MÊME LES ÉPIS FLORAUX SONT AROMATIQUES
CERFEUIL (1)(2)		AVRIL-MAI	MEUBLE ET RICHE	OMBRE OU SOLEIL	OMBELLIFÈRE ANNUELLE	30	10	AU BESOIN À MATURITÉ	SEMIS	OUI	LES GRAINES SONT CUEILLIES À MATURITÉ
CIBOULETTE (2)	SI DÉSIRÉ EN MARS-AVRIL	AVRIL	MEUBLE ET FUMÉ	SOLEIL	ALLIACÉE VIVACE RUSTIQUE	25-30	SEMER À LA VOLÉE	AU BESOIN FIN D'ÉTÉ	SEMIS OU DIVISION DE TOUFFES	OUI	
CORIANDRE (2)		FIN AVRIL	SABLEUX LÉGER	PLEIN SOLEIL	OMBELLIFÈRE ANNUELLE	60-80	25	AU BESOIN FIN D'ÉTÉ	SEMIS	NON	LES GRAINES SONT CUEILLIES À MATURITÉ
ESTRAGON	ACHATS DE PLANTS ESSENTIEL		RICHE BIEN DRAINÉ	PLEIN SOLEIL	VIVACE COMPOSÉE SEMI-RUSTIQUE	70	30-35	AU BESOIN FIN D'ÉTÉ	DIVISION DE TOUFFES	OUI	
FENOUIL	AVRIL		RICHE BIEN DRAINÉ	PLEIN SOLEIL	OMBELLIFÈRE ANNUELLE	100-200	60	AU BESOIN	SEMIS	NON	LES GRAINES SONT CUEILLIES À MATURITÉ
HYSOPE (4)		FIN AVRIL	CALCAIRE BIEN DRAINÉ	PLEIN SOLEIL	LABIÉE VIVACE SEMI-RUSTIQUE	40-50	30	AU BESOIN DÉBUT FLORAISON	SEMIS DIVISION DE TOUFFES	NON	
LAVANDE (2)(3)(4)		AVRIL	CALCAIRE BIEN DRAINÉ	PLEIN SOLEIL	LABIÉE VIVACE SEMI-RUSTIQUE	30-40	30	EN PLEINE FLORAISON	SEMIS DIVISION DE TOUFFES	SI DÉSIRÉ	LES SEMENCES NE GERMENT BIEN QU'EN SOL FROID

LIVÈCHE	AVRIL		RICHE ET FUMÉ	PLEIN SOLEIL	OMBELLIFÈRE VIVACE RUSTIQUE	60-100	60	AU BESOIN	SEMIS DIVISION DE TOUFFES	NON	PRÉLÈVEMENT DE PLANTS SAUVAGES
MARJOLAINE (4)	FIN-MARS		CALCAIRE BIEN DRAINÉ	PLEIN SOLEIL	LABIÉE VIVACE SEMI-RUSTIQUE	25-30	15-20	AU BESOIN DÉBUT FLORAISON	SEMIS	OUI	
MARRUBE		FIN AVRIL	SABLEUX FUMÉ	PLEIN SOLEIL	LABIÉE VIVACE SEMI-RUSTIQUE	40-60	30	AU BESOIN DÉBUT FLORAISON	SEMIS DIVISION DE TOUFFES	NON	
MÉLISSE (CITRONNELLE)	MARS-AVRIL		SABLEUX RICHE		LABIÉE VIVACE SEMI-RUSTIQUE	50-60	40	AU BESOIN DÉBUT FLORAISON	SEMIS DIVISION DE TOUFFES	NON	
MENTHES		AVRIL	RICHE HUMIDE	OMBRE OU SOLEIL	LABIÉES VIVACES RUSTIQUES	20-30	30	AU BESOIN DÉBUT FLORAISON	SEMIS OU DIVISION DE TOUFFES	NON	PRÉLÈVEMENT DE PLANTS SAUVAGES
MENTHE POIVRÉE	ACHAT DE PLANTS		HUMIDE MAIS BIEN DRAINÉ	OMBRE OU SOLEIL	(SAUF LA POULIOT)	20-30	30	AU BESOIN DÉBUT FLORAISON	DIVISION DE TOUFFES	NON	PRÉLÈVEMENT DE PLANTS SAUVAGES
ORIGAN (3)(4)		AVRIL OU MAI	RICHE BIEN DRAINÉ	PLEIN SOLEIL	LABIÉE VIVACE RUSTIQUE	70	25	AU BESOIN DÉBUT FLORAISON	SEMIS DIVISION DE TOUFFES	SI DÉSIRÉ	
PERSIL (3)		FIN AVRIL	RICHE FRAIS	OMBRE OU SOLEIL	OMBELLIFÈRE BISANNUELLE	25-30	15-20	AU BESOIN FIN D'ÉTÉ	SEMIS	OUI	LES GRAINES SONT CUEILLIES LA 2e ANNÉE
ROMARIN (3)(4)	MARS		CALCAIRE BIEN DRAINÉ	PLEIN SOLEIL	LABIÉE VIVACE NON RUSTIQUE	VARIABLES SELON L'ÂGE DES PLANTS		AU BESOIN	SEMIS	OUI	CULTURE INTÉRIEURE NÉCESSAIRE EN HIVER
SARRIETTE D'ÉTÉ		MAI	CALCAIRE BIEN DRAINÉ	PLEIN SOLEIL	LABIÉE ANNUELLE	30-40	15		SEMIS	NON	
SARRIETTE D'HIVER	MARS AVRIL		CALCAIRE BIEN DRAINÉ	PLEIN SOLEIL	LABIÉE VIVACE PEU RUSTIQUE	40-50	25-30	AU BESOIN EN PLEINE FLORAISON	SEMIS DIVISION DE TOUFFES	SI DÉSIRÉ	
SAUGE (4)	MARS AVRIL		CALCAIRE BIEN DRAINÉ	PLEIN SOLEIL	LABIÉE VIVACE SEMI-RUSTIQUE	25-30	15	AU BESOIN FIN D'ÉTÉ	SEMIS DIVISION DE TOUFFES	OUI	
THYM (2)(3)(4) ET SERPOLET	MARS AVRIL		CALCAIRE BIEN DRAINÉ	PLEIN SOLEIL	LABIÉE VIVACE SEMI-RUSTIQUE	20	20	AU BESOIN DÉBUT FLORAISON	SEMIS DIVISION DE TOUFFES	OUI	LE THYM SAUVAGE (SERPOLET) EST VIVACE RUSTIQUE

Notes: 1. À cause de leur pouvoir germinatif de courte durée, planter les semences à l'automne. 2. La plante se ressème souvent d'elle-même. 3. Plante de germination très longue (3 à 6 semaines). 4. Excellente plante de rocaille (la croissance en sol élevé les favorise grandement). La plupart sont à protéger en hiver, sauf le romarin qui doit être gardé à l'intérieur en hiver.

TABLEAU II: MODES DE CONSERVATION DES FINES HERBES

	PARTIES RÉCOLTÉES	SÉCHAGE	CONGÉLATION APRÈS BLANCHIMENT	EN BEURRE À CONGELER	DANS LE VINAIGRE	DANS L'HUILE	EN ESSENCE CULINAIRE	AUTRES
AIL	TÊTES (GOUSSES OU CAIEUX)			x	x	x	x	EN CHAPELETS TRESSÉS
ANETH	FEUILLES	x	x	x	x			
	SEMENCES (1e ANNÉE)	x						
ANIS	SEMENCES (1e ANNÉE)	x						DANS L'ALCOOL
	FEUILLES	CONSERVATION DE PEU D'INTÉRÊT						
BASILIC	FEUILLES	x	x			x		
BOURRACHE	FEUILLES	CONSERVATION DE PEU D'INTÉRÊT						
	FLEURS				x			DANS LE SUCRE (VOIR RECETTE)
CARVI	RACINES (1e ANNÉE)	x						COMME AUTRES RACINES
	SEMENCES (2e ANNÉE)				x			DANS L'ALCOOL
CATAIRE (HERBE À CHATS)	TIGES FEUILLUES	x						
CERFEUIL	TIGES FEUILLUES		x	x			x	
	GRAINES	x						
CIBOULETTE	TIGES		x	x				
	FLEURS				x			
CORIANDRE	FEUILLES	x	x	x	x			
	GRAINES (1e ANNÉE)							DANS L'ALCOOL
ESTRAGON	FEUILLES	x	x	x		x	x	DANS L'ALCOOL OU EN SEL D'HERBES
	TIGES FEUILLUES	x			x			
FENOUIL	TIGES FEUILLUES		x	x				DANS L'ALCOOL
	GRAINES (1e ANNÉE)	x						
	RACINES							COMME AUTRES RACINES

HYSOPE	FEUILLES	X					
LAVANDE	TIGES FLORALES	X					DANS L'ALCOOL (EAU DE LAVANDE)
LIVÈCHE	TIGES FEUILLUES	X		X			EN SEL D'HERBES
	SEMENCES	X					EN SEL D'HERBES
	RACINES	X					EN SEL D'HERBES
MARJOLAINE	TIGES FEUILLUES	X	X				
MARRUBE	TIGES FEUILLUES	X					
MÉLISSE (CITRONNELLE)	TIGES FEUILLUES	X					DANS L'ALCOOL
MENTHE(S)	TIGES FEUILLUES	X	X		X		DANS L'ALCOOL
MENTHES POULIOT ET POIVRÉE	TIGES FEUILLUES	X				COMME INSECTICIDES OU PLANTES MÉDICINALES SEULEMENT	
ORIGAN	TIGES FEUILLUES	X					
PERSIL	TIGES FEUILLUES	SI DÉSIRÉ	X	X	X		DANS LE GROS SEL OU EN SEL D'HERBES
	GRAINES (2e ANNÉE)	X		COMMME MÉDICINALES SEULEMENT			
	RACINES (1e ANNÉE)	X		COMME MÉDICINALES SEULEMENT			
ROMARIN	TIGES FEUILLUES	X	X	X	X	X	DANS L'ALCOOL
SARRIETTE(S)	TIGES FEUILLUES ET FLEURIES	X	X	X		X	EN SEL D'HERBES OU DANS L'ALCOOL
SAUGE	TIGES FEUILLUES	X	X	X	X	X	EN SEL D'HERBES
THYM	TIGES FEUILLUES	X	X	X	X	X	EN SEL D'HERBES

TABLEAU III: PRINCIPALES VERTUS MÉDICINALES DES FINES HERBES

	ACTION GÉNÉRALE (TONIQUE / CALMANTE)	COEUR	ESTOMAC	FOIE	INTESTIN	REIN	POUMONS	SYSTÈME NERVEUX	RÈGLES DIFFICILES	APHRODISIAQUE	ANTISEPTIQUE GÉNÉRAL	PEAU	CUIR CHEVELU	DENTS ET HALEINE	AUTRES VERTUS ET CONTRE-INDICATIONS
AIL	TONIQUE ×	×	×	×	×	×	×	×			×				HYPOTENSEUR, VERMIFUGE, VULNÉRAIRE, PIQÛRES D'INSECTES
ANETH	TONIQUE ×	×	×		×				×						HOQUET
ANIS	ACTION DOUBLE (1)	×	×		×		×	×	×					×	EMPLOYER À DOSES MODÉRÉES
BASILIC	ACTION DOUBLE (1)		×	×	×			×	×		×				SURMENAGE INTELLECTUEL
BOURRACHE						×	×								SUDORIFIQUE
CARVI	ACTION DOUBLE (1)		×	×	×			×						×	CARMINATIF
CATAIRE	TONIQUE ×		×	×	×										HOQUET, MAUX DE TÊTE DÛS À LA MAUVAISE DIGESTION
CERFEUIL	TONIQUE ×		×	×		×						×			ANTI-OPHTALMIQUE
CIBOULETTE	TONIQUE ×		×								×				SURTOUT NUTRITIF
CORIANDRE	TONIQUE ×		×	×	×			×						×	CARMINATIF EMPLOYER À DOSES MODÉRÉES
ESTRAGON	ACTION DOUBLE (1)		×		×			×							VERMIFUGE, HOQUET
FENOUIL	ACTION DOUBLE (1)		×			×	×		×			×		×	CARMINATIF, VERMIFUGE EMPLOYER À DOSES MODÉRÉES
HYSOPE	ACTION DOUBLE (1)		×			×	×				×				HYPERTENSEUR, VERMIFUGE EMPLOYER À DOSES MODÉRÉES
LAVANDE	CALMANTE ×	×	×	×	×	×	×	×				×			HYPOTENSEUR, VERMIFUGE ANTI-MITES EMPLOYER À DOSES MODÉRÉES
LIVÈCHE	ACTION DOUBLE (1)		×	×	×	×			×						TOUTES AFFECTIONS RÉNALES CARMINATIF, DÉPURATIF
MARJOLAINE	ACTION DOUBLE (1)	×	×		×	×	×	×		ANAPHRO DISIAQUE					HYPOTENSEUR, INSOMNIES TROUBLES NERVEUX, VULNÉRAIRE

50

Plante		Propriétés
MARRUBE	x	DÉPURATIF, CELLULITE
MÉLISSE (CITRONNELLE)	ACTION DOUBLE (1)	CARMINATIF, VERMIFUGE, PIQÛRES D'INSECTES EMPLOYER À DOSES MODÉRÉES
MENTHES (DOUCES)	ACTION DOUBLE (1)	VERTUS MOINS FORTES QUE CELLES DES DEUX AUTRES
MENTHE POIVRÉE	ACTION DOUBLE (1)	CARMINATIF, INSECTICIDE
MENTHE POULIOT	ACTION DOUBLE (1)	INSECTICIDE PUISSANT, PEUT MÊME ÊTRE ABORTIF (ESSENCE)
ORIGAN	x	CARMINATIF, CELLULITE EMPLOYER À DOSES MODÉRÉES
PERSIL	x	DÉPURATIF ET DIURÉTIQUE PUISSANT ESSENCE (À PROSCRIRE)
ROMARIN	x	HYPERTENSEUR, CARMINATIF SURMENAGE INTELLECTUEL
SARRIETTE(S)	x	CARMINATIF, VERMIFUGE VULNÉRAIRE, PIQÛRES D'INSECTES
SAUGE	ACTION DOUBLE (1)	ASTRINGENT, HYPERTENSEUR, VULNÉRAIRE EMPLOYER À DOSES MODÉRÉES
THYM ET SERPOLET	ACTION DOUBLE (1)	CARMINATIF, VERMIFUGE, HYPERTENSEUR EMPLOYER À DOSES MODÉRÉES

Note: 1. *L'action double indique que la plante a une action à la fois tonique (ou stimulante) et antispasmodique (calmante). Par ailleurs, à doses trop élevées, certaines herbes ont un effet exactement contraire à l'effet recherché. Ainsi, par exemple, à doses trop fortes, la lavande est irritante au lieu d'être antispasmodique, et la coriandre, après avoir été tonique, devient euphorisante puis déprimante. Toute herbe doit donc être utilisée avec modération.*

51

E. Usages divers:

a) **Usages culinaires:** Pour chaque herbe, voir détails dans le **Corps Central du Livre.**

b) **Usages médicinaux:** Bien que certaines «fines herbes» soient dotées d'un grand nombre de vertus médicinales (ail, romarin et sauge en particulier), je n'ai donné, dans ce livre, que les principales et les plus simples, puisque, comme indiqué plus haut, il peut être dangereux de les utiliser médicinalement, sans les avoir préalablement étudiées.

Infusions et Tisanes

Préparées tout simplement en couvrant d'eau bouillante puis laissant reposer 8 à 10 minutes, à couvert et dans un récipient de verre, de porcelaine ou de terre cuite - jamais de métal - la ou les herbes choisies, les infusions ne présentent pratiquement aucun danger, sauf chez certaines personnes **prédisposées.**

«Pour les adultes, et, bien entendu, encore plus pour les enfants, il est parfois nécessaire de tâter la susceptibilité du malade». (Jean Valnet)

Toutefois, si les infusions de fines herbes sont «pour la plupart d'entre elles stomachiques et exercent les plus heureux effets sur la digestion, favorisent la sécrétion des sucs dugestifs, à commencer par la salive, stimulent l'intestin, facilitent l'assimilation», disons que «quand il n'existe aucun trouble de la digestion, il est préférable de ne boire que des infusions très légères (...): à quoi bon, en effet, stimuler des organes en parfait état de fonctionnement ?» Et Pierre Lieutaghi de poursuivre: «Il n'est aucune aromatique dont l'effet n'outrepasse l'excitation des papilles gustatives: si l'estomac inerte des dyspepsiques nécessite l'action des stimulants..., il ne saurait, pas plus que l'estomac sain, être soumis aux vrais ramonages que lui imposent certaines préparations du commerce «exclusivement végétales», dont l'usage prolongé peut entraîner des irritations et, souvent, une fâcheuse accoutumance, plus néfaste que l'atonie même... Il importe de se souvenir surtout qu'il ne saurait y avoir de traitement valable des troubles gastro-intestinaux sans une stricte hygiène alimentaire».

Enfin, les infusions, généralement faites aux proportions d'une tasse d'eau pour 1 cuiller à thé d'herbes séchées seront, pour les enfants, diluées de la manière suivantes (selon Jean Valnet):

Enfants d'un an   : 1 partie de tisane pour 4 parties d'eau
Enfants d'un à 3 ans : 2 parties de tisane pour 3 parties d'eau
Enfants de 3 à 5 ans : 3 parties de tisane pour 2 parties d'eau

Enfants de 5 à 10 ans: 4 parties de tisane pour 1 partie d'eau

Si désiré, ces infusions seront légèrement sucrées au miel, quoique il soit préférable de les boire «nature».

Huiles Essentielles et Essences

Tout d'abord, que sont au juste les huiles essentielles ?

«Ce sont, comme l'a écrit Wilhelm Pelikan, des substances qui veulent, en quelque sorte, devenir de la chaleur. La chaleur les a transformées, autant qu'il était possible, à son image. Ce sont des matières très volatiles passant rapidement de l'état liquide à l'état gazeux, s'allumant facilement et brûlant avec une flamme brillante...» et qui «... n'ont aucune affinité pour l'aqueux, ni pour le terreux. Elles ne se dissolvent pas dans l'eau...».

Plus techniquement, Jean Valnet a écrit: «... ce sont des produits huileux volatiles et odorants qu'on retire des végétaux, soit par **distillation** à la vapeur, soit par **expression,** soit par **incision** du végétal, ou bien par **solvants,** soit encore par **enfleurage...** c'est-à-dire par absorption, par un produit gras, du parfum que l'on sépare ensuite grâce à des techniques très particulières».

Quelle différence y a-t-il donc entre une **huile essentielle** et une **essence ? Une essence est une huile essentielle diluée dans - généralement - 40 parties d'alcool.** (Ne pas confondre les essences ici décrites avec les essences «culinaires» d'Ail, de Cerfeuil et d'Estragon). On doit donc toujours s'assurer, lors de l'achat de l'une ou de l'autre, de l'**identité exacte** du produit, d'autant que les **imitations** (produits de synthèse) **qui ne doivent être employés que pour parfumer une pièce** (imitation de lavande, par exemple) **sont de valeur médicinale nulle et peuvent, à l'occasion, provoquer des troubles divers.** C'est ainsi que certains parfums et eaux de Cologne synthétiques peuvent provoquer des dermatoses, vertiges, etc. La même remarque vaut pour une infinité de produits cosmétiques «bon marché», comme savons, shampooings, etc. Enfin, s'il faut faire attention à la différence qui existe entre les huiles essentielles et les essences, c'est que les secondes valent beaucoup moins cher que les premières, même diluées dans un alcool de qualité.

Riches d'un grand nombre de propriétés médicinales, mais aussi antiseptiques, bactéricides, vulnéraires, insecticides, etc., les huiles essentielles et essences sont prescrites «par voie interne, seules ou associées, généralement sous forme de pilules ou en gouttes, dans une solution alcoolique; par voie externe, notamment sous forme de fumigations, d'inhalations, de liniments, de bains généraux ou locaux».

Par ailleurs, «la haute diffusibilité des essences aromatiques en fait... des **agents de pénétration.** À ce titre, elles sont incorporées depuis longtemps dans des crèmes, baumes et lotions, pour permettre la **diffusion, à travers l'organisme, des principes actifs de ces produits**». Et Jean Valnet de préciser: «Certaines méthodes scientifiques récentes (utilisant les isotopes radio-actifs) ont permis de prouver l'absorption par la peau des principes minéraux et végétaux introduits dans des bains et retrouvés dans le sang. Cette découverte explique l'action des bains aromatiques, par exemple du thym ou d'aiguilles de pin, sur les poumons (antiseptique, fluidifiant des mucosités, facilitant l'expectoration). Ces bains agissent certes par inhalations des vapeurs, mais aussi par l'intermédiaire du sang, les essences suivant le chemin: peau-sang-poumons.

«Les essences aromatiques sont parmi les produits les plus efficaces à utiliser dans les bains. De nombreuses études démontrent les transformations obtenues par cette méthode, tant sur le plan physique que psychique (action sur le système nerveux, le tube digestif, les voies urinaires, actions hormonales...)».

«Ces effets, dûs à l'extraordinaire diffusibilité des essences nous permettent aujourd'hui de donner une explication logique à ces pratiques anciennes qui consistaient à attacher au cou des enfants porteurs de vers un petit sachet contenant quelques gousses d'ail. Cette méthode était également utilisée dans la prévention des maladies épidémiques.

Sans entrer ici dans le détail des vertus médicinales des fines herbes et de leurs essences (voir **Corps Central du Livre**), je renvoie directement le lecteur (et la lectrice) à l'oeuvre magistrale de Jean Valnet: **Aromathérapie** (voir **Bibliographie**).

Toutefois, **une MISE EN GARDE SÉVÈRE est ici de rigueur,** car si nombre de fines herbes ont une action tonique bénéfique sur l'organisme tout entier, certaines peuvent devenir, à doses trop élevées, soit **irritantes,** soit **stupéfiantes puis déprimantes** (relire ici les notes sur les essences, p. 53). D'ailleurs, **règle générale, les essences sont proscrites aux enfants (garder les essences hors de leur portée) et aux gens souffrant de dermatoses ou de troubles nerveux ou cardiaques** (bien que certaines essences, surtout les antispasmodiques, puissent leur être très précieuses).

Toutes les indications données dans le livre le sont pour les essences, jamais pour les huiles essentielles. On en prendra le nombre de gouttes indiqué sur un morceau de sucre ou dans un peu d'eau chaude.

L'action des essences est si puissante qu'on a observé, expérimentalement, que celles de fenouil et de romarin rendent les animaux craintifs, et celles de sauge et d'hysope, agressifs.

Notons, pour finir, que les huiles essentielles et essences doivent être conservées exclusivement dans des contenants de verre teinté et hermétiquement clos, dans un lieu assez sec et frais, à l'ombre. Insolubles dans l'eau, les huiles essentielles doivent, si utilisées dans un bain, être diluées, soit dans de l'alcool (en essence, donc), soit dans une huile fixe (d'amande douce, par exemple).

Notes diverses sur les Recettes

Les quelque 200 recettes présentées et intégrées dans ce livre provenaient de sources trop différentes et souvent multiples pour qu'il vaille la peine, sauf exceptions, de les mentionner. La plupart, d'origine paysanne et bourgeoise (au sens ancien du mot) sont relativement économiques et faciles à réaliser. Le critère premier qui m'a guidé dans mon choix était leur succulence. J'avoue ne pas les avoir toutes essayées; les unes et les autres ont été sélectionnées en fonction de principes culinaires qui m'étaient déjà connus. Sans me prétendre le moins du monde gastronome, j'ai aussi donné des recettes de la «haute cuisine» classique, et d'autres, anciennes - et parfois curieuses - pour donner une idée de l'évolution des principes culinaires dans le temps (voir en particulier **Recettes de la Rome Antique, du Moyen-Âge** et du **18e siècle.** Toutes les recettes contiennent, évidemment, des fines herbes.

Si les recettes sont en majorité originaires de France, d'autres le sont de divers pays, principalement situés autour du bassin méditerranéen, lieu d'origine de la plupart des fines herbes (Italie, Grèce, Liban, etc.). Les recettes de Provence ont été distinguées de celles de la France parce qu'elles font davantage appel aux herbes du Midi.

Il convient de noter que si un grand nombre de recettes appartiennent à la cuisine «d'été», où les herbes fraîches sont disponibles, d'autres, faisant appel aux herbes séchées, relèvent d'une cuisine «d'hiver», plus carnée et plus mijotée. On pourra donc composer, à partir des recettes présentées dans ce livre, des menus pour toute l'année. (En gros, 1 cuiller à soupe d'herbes fraîches équivaut à 1/2 cuiller à thé d'herbes séchées ou 1/4 de cuiller à thé d'herbes pulvérisées (les moins recommandées).

Comme on le verra, chaque pays privilégie quelques herbes qui correspondent, pourrait-on croire, à son tempérament. Si la gastronomie fait appel à presque toutes les fines herbes, et si l'ail est employé presque partout dans le monde, l'Italie fait grand cas du basilic, de l'estragon et de l'origan, la Grèce, de l'aneth, de la coriandre, de l'origan et de la sauge, la Provence, du thym, du serpolet et du romarin, l'Allemagne, du carvi, de la livèche et de la marjolaine, l'Angleterre, de la menthe et de la sauge, etc.. Au Québec, quoique une grande évolution ait eu lieu dans les vingt dernières années, en particulier en ce qui concerne les fines herbes, longtemps négligées dans la cuisine de «bonne soeur» qui fut la nôtre, le persil et la sarriette sont encore les herbes les plus populaires (puisse ce livre aider à la diffusion de la connaissance de **toutes** les herbes, en particulier la livèche !).

En ce qui concerne les produits employés dans les recettes, il me faut mentionner que dans les recettes où l'on indique de l'huile d'olive, celle-ci doit être de première qualité, si possible «vierge et pressée à froid» (marque commerciale Puget), surtout si employée dans les salades. En plus d'être très bonne au goût, cette huile est, contrairement aux huiles **cuites,** excellente pour le foie et tout l'appareil digestif. Le beurre ne saurait, **en aucun cas,** être remplacé par la margarine. Enfin, le gros sel sera employé de préférence au sel raffiné. Comme l'a si justement écrit Nostradamus: «Car de belle marchandise se fait de bel ouvrage: et de laide ou meschante, meschant ouvrage».

Pour faciliter la lecture, les recettes, pour la plupart calibrées pour 4 personnes, ont été présentées dans l'ordre suivant: a) entrées, b) soupes, potages et crèmes, c) viandes, volailles et poissons, d) plats de légumes, e) plats composés mijotés, f) salades, g) sauces, farces et marinades, h) beurres, huiles et vinaigre aromatisés, i) bouquets garnis, fines herbes et herbes salées, j) essences d'herbes, k) friandises, l) liqueurs digestives, m) recettes médicinales, n) recettes cosmétiques, o) recettes anciennes et curieuses.

Règle générale, les viandes sont accompagnées des fines herbes suivantes:

Agneau: aneth, menthe, romarin et thym.
Boeuf: persil, sarriette et thym.
Porc: persil, sauge, thym.

Poulet: cerfeuil, estragon, thym.
Veau: estragon, persil, thym.

Les poissons seront accompagnés des suivantes: aneth, fenouil, livèche, mélisse, persil et thym.

Notes critiques sur les produits vendus dans le commerce

Semences et Plants: Comme on l'a vu, si les graines des Labiées gardent leur pouvoir germinatif assez longtemps, celles des Ombellifères perdent rapidement le leur (sauf la coriandre). C'est pourquoi il est essentiel d'acheter ses semences chez un grainetier ou pépiniériste de confiance.

L'achat de plants est, par ailleurs, profitable pour toutes les herbes à croissance lente et/ou vivaces (lavande, romarin, sauge, etc.), de manière à pouvoir en faire une bonne récolte dès la première année. Cet achat est même essentiel pour l'estragon et la menthe poivrée **vrais** car ces deux plantes demeurent toujours stériles. Les **semences d'estragon** vendues chez certains marchands donnent une plante à saveur et arôme nuls.

Herbes «fines» et autres: Si rien ne saurait remplacer, en cuisine, les herbes fraîches, il faut bien se résoudre, en hiver, si l'on n'en fait pas la culture intérieure, à utiliser les herbes séchées ou conservées autrement.

Pour en finir avec les herbes fraîches, disons que, si l'on n'a pas de jardin ou de coin de cour où en cultiver, on peut toujours s'en procurer, en saison, dans les marchés publics ou les épiceries spécialisées. Comme les fines herbes sont rarement attaquées par les insectes (sauf les menthes), il y a peu de risque qu'elles soient couvertes d'insecticides comme le sont certains fruits et légumes.

Culinaires ou médicinales, les herbes séchées - et grossièrement coupées - seront achetées, de préférence, chez un marchand d'herbes de confiance, en quantités de 25 grammes ou plus. Cette manière de faire sera **beaucoup plus économique** que l'achat d'herbes ou d'épices en «petits pots transparents» (nombreuses marques commerciales) vendus aujourd'hui à des prix que, personnellement, je trouve exorbitants. De même, on évitera à tout prix les herbes pulvérisées, vendues, soit en pots, soit en sachets pour tisanes. Elles ont une valeur médicinale presque nulle.

Quant à la qualité des herbes séchées, disons que toute herbe dont on écrase quelques feuilles dans le creux de sa main et qui ne dégage pas aussitôt l'arôme ou le parfum qui lui est propre doit être écartée comme n'ayant aucune valeur. Une herbe décolorée ou trop sèche est de même à rejeter. (Combien de gens ont cessé de croire aux vertus des «simples» uniquement parce que des marchands, sinon malhonnêtes, du moins ignorants, leur ont vendu des herbes depuis longtemps «mortes» !)

Cela est encore plus vrai pour les herbes destinées à un usage médicinal. Si, culinairement et médicinalement, les herbes fraîches sont toujours préférables, il n'en va pas de même pour les herbes séchées. Certains ont cru, dans un but louable, mais à courte vue, d'auto-suffisance, pouvoir cultiver en grand au Québec des herbes comme la sauge, le romarin, le thym, etc. Or leur teneur en huile essentielle est souvent faible, surtout si elles ne sont pas convenablement cultivées. C'est ainsi, que pour des fins médicinales tout au moins, on leur préférera les grands «crus d'essence» et, par exemple, la sauge importée de Grèce, le romarin et le thym importés de Provence, la menthe poivrée du Japon, les lavandes anglaise ou provençale, etc., à condition, bien sûr, là encore, que ces herbes soient d'importation récente.

Mentionnons enfin que les **sels d'herbes** (marques commerciales comme Aromat, Maggi - nom qui signifie en Suisse «livèche» -, Herbamare, etc.) sont «condimentairement», très intéressants, puisque d'un emploi facile. Ces sels sont, en outre, excellents pour la santé.

Les **autres produits à base d'herbes** - huiles essentielles et essences, produits médicinaux divers, produits cosmétiques, parfums, etc. - sont disponibles dans un grand nombre de commerces divers. On en trouvera souvent, chez les bons marchands d'herbes, une gamme variée, et bien que leurs prix paraissent parfois élevés, il est à remarquer que ces produits durent souvent beaucoup plus longtemps, à l'usage, que ceux créés par la grande industrie (et dont nous inonde la publicité) et qui sont de valeur médicinale nulle, quand ils ne sont pas responsables d'allergies et ne contribuent pas à la pollution... de nos nez.

Quelques adresses utiles

Les deux plus grands magasins d'herbes et autres produits à base d'herbes de Montréal sont:

- **Le Grand Monde des Herbes,** 11 Sainte-Catherine Est, Montréal, H2X 1K3 (842-1838)

- **Herboristes Desjardins,** 3303 Sainte-Catherine Est, Montréal, H1W 2C5, (523-4860)

Les deux principaux marchands de semences et de plants de fines herbes des environs de Montréal, où l'on peut commander par courrier (catalogues disponibles) sont:

- **Semences Laval,** 3505 Boul. Saint-Martin Ouest, Chomedey, H7T 1A2, (681-4888)

- **W.H. Perron et Cie Ltée,** 515 Curé Labelle, Chomedey, H7V 2T3 (332-3610)

On trouvera enfin, à l'adresse suivante, des semences et des plants d'herbes plus rares (16 sortes de basilic, etc.): **Richter Canada's. Herb Specialists,** Goodwood, Ontario, L0C 1A0.

Corps Central du Livre

(Description détaillée des
25 principales fines herbes)

L'AIL

«Nous nous rappelons les poissons que nous mangions pour rien en Égypte, les concombres, les melons, les poireaux, les oignons et les aulx. Maintenant notre âme est à sec. Plus rien ! si ce n'est la manne que nous avons devant les yeux.»

Nombres, 11,5

L'Ail

A. Allium sativum. Le nom français provient du latin **allium,** lui-même issu du mot celte **alle,** «brûlant».

B. Bien qu'il ne s'agisse pas d'une herbe «fine», c'est néanmoins une des plantes condimentaires les plus utilisées en cuisine et médecine populaire et c'est pourquoi je ne pouvais la passer sous silence. Cultivé depuis la plus haute Antiquité, l'ail est originaire d'Asie Centrale. C'est, pour tous les peuples, une panacée et le premier des condiments. «L'ail, dont une inscription datant de 4 500 ans avant J.C. et gravée sur la pyramide de Chéops rappelle que, chaque matin une gousse d'ail était distribuée à chaque esclave travaillant à l'édification de la célèbre pyramide, était particulièrement apprécié car il était réputé donner des forces». (Louis Lagriffe)

C. Liliacée cultivée comme annuelle, l'ail peut atteindre 30 cm de hauteur. On en connaît plusieurs variétés mais les plus cultivées sont le blanc et le rose (plus petit mais de conservation plus longue). Quoique d'un goût plus délicat, l'ail des bois se prête aux mêmes utilisations que le cultivé. L'ail chinois, d'introduction assez récente au Québec, est cultivé pour ses tiges.

D. Semis: Planter les gousses (les plus grosses seulement) en pleine terre, fin-avril. Couvrir de 3-4 cm de terre. L'ail protège les rosiers contre les insectes mais inhibe la croissance des haricots et des pois.

Sol: Bien drainé, **très** riche en vieux fumier.

Expo: Plein soleil.

Distance entre: Rangs: 40-50 cm, **Plants:** 10-12 cm.

Soins: Sarclages fréquents. Ne jamais renchausser les plants, ce qui peut retarder leur maturation.

Récolte et conservation: Quand les têtes à gousses (appelées aussi caïeux) sont bien formées et que les tiges ont commencé à faner, arracher l'ail et le laisser sécher au soleil quelques jours. On en fait ensuite des chapelets en tressant les tiges dont on attache l'extrémité avec une corde solide. Suspendus dans un lieu frais mais bien aéré, ces chapelets peuvent se conserver tout l'hiver jusqu'à la prochaine plantation. Toutefois, il faut renouveler les gousses à planter à tous les 2-3 ans car les têtes ont tendance à devenir de plus en plus petites. Les petits caïeux qui restent peuvent être conservés dans l'huile d'olive, au froid. On peut aussi s'en servir dans diverses recettes (voir plus loin).

E. Usages divers: Abondamment employé dans certaines cuisines, les méridionales surtout, l'ail est le condiment essentiel de nombreuses viandes (agneau, boeuf, porc) et plats divers (plats mijotés, salades, etc.). La façon la plus simple de préparer les gousses consiste à les écraser délicatement avec le plat de la lame d'un couteau, à les couper sur le sens de la longueur puis, si désiré, à en retirer le germe vert central qu'on dit responsable de la mauvaise odeur que donne l'ail. Pour neutraliser cette odeur, les auteurs suggèrent de mâcher 2-3 grains de café, quelques graines d'angélique, d'anis, de cardamome, de coriandre ou de cumin, une branche de persil, 1 c. à thé de miel ou une pomme râpée. À la cuisson, l'ail ne doit jamais être frit, doré tout au plus. Si une recette requiert une grande quantité d'ail, un presse-ail est alors des plus utiles.

Médicinalement, l'ail - qui s'emploie alors cru - a de multiples vertus et c'est un élément essentiel de toute bonne médecine préventive. Employé aujourd'hui contre le cancer et l'hypertension, il a des qualités tonifiantes et antiseptiques indéniables. Toutefois, il est à proscrire aux jeunes enfants et aux gens souffrant de problèmes du système digestif ou de dermatoses. À l'extérieur, l'ail broyé est souverain contre les brûlures, les piqûres d'insecte, les verrues et les cors.

RECETTES

Soupe à l'Ail (4 personnes)

4 grosses gousses d'ail
2 oeufs
4 tasses d'eau
Sel et poivre au goût
Croûtons frits au beurre

Dans un litre d'eau assaisonnée au goût, mijoter l'ail jusqu'à ce qu'il soit tendre puis l'écraser complètement à la fourchette. Battre les oeufs, leur ajouter un peu d'eau de cuisson puis l'ail écrasé et remettre le tout dans le bouillon. Couvrir et mijoter une dizaine de minutes. Servir avec des croûtons.

Aigo-bouïdo (soupe provençale) (6 personnes)

1 tête d'ail complète
4-5 c. à soupe d'huile d'olive
2 litres d'eau
1 bouquet garni (thym, laurier, persil)
1 branche de sauge
1 clou de girofle
Sel et poivre au goût

Faire revenir doucement l'ail broyé dans l'huile puis ajouter les autres ingrédients. Mijoter le tout 10 minutes puis servir avec des croûtons.

Aillée (13e siècle)

Soupe très en vogue au Moyen-Âge, l'aillée consistait en un mélange d'ail pilé, d'amandes moulues et de mie de pain, le tout allongé de bouillon de légumes ou de viande et assaisonné au goût.

Sauce Provençale (pour rôti de boeuf ou de veau)

3 c. à soupe d'huile d'olive
3 échalotes (dites françaises)
1 gousse d'ail
250 g de champignons
1 c. à thé de farine
Bouillon de légumes ou de viande
Sel et poivre
1 petit verre de vin blanc sec
1 petit bouquet garni
Jus de citron au goût

Faire revenir les échalotes et l'ail finement hachés dans l'huile puis les saupoudrer avec la farine. Mouiller ce mélange avec le bouillon et assaisonner au goût. Ajouter ensuite le vin blanc, le bouquet garni et couvrir le tout. Mijoter 15 minutes environ puis ajouter les champignons tranchés et mijoter 20-30 minutes de plus. Passer le tout, ajouter un peu de jus de citron et servir aussitôt.

Beurre à l'Ail (pour escargots et croûtons)

100 g de beurre
4 gousses d'ail broyées
Poivre et sel (si l'on emploie du beurre non salé)
Persil (facultatif)

Manier le beurre froid à la fourchette en y incorporant l'ail broyé et le sel et le poivre au goût. Travailler le tout jusqu'à l'obtention d'une pâte onctueuse et lisse. Ce beurre peut se conserver plusieurs semaines au froid. Il s'emploie avec les croûtons et les escargots mais aussi sur les légumes chauds (pommes de terre en robe des champs, etc.) et les viandes grillées.

Beurre aux feuilles d'Ail des bois

Procéder comme pour le beurre à l'ail en remplaçant celui-ci par des feuilles d'ail des bois hachées puis réduites en pâte au mélangeur («blender») avec un peu de liquide. Ce beurre se conserve très bien congelé.

Vinaigre d'Ail

1 litre de vinaigre de vin blanc
60 g d'ail pelé et légèrement écrasé

Couvrir l'ail préparé de vinaigre, sceller le pot et laisser macérer le tout pendant 1 mois. Au bout de ce temps, filtrer le tout et conserver le vinaigre dans une bouteille hermétiquement fermée (voir aussi la recette de **Vinaigre d'ail et de basilic**).

Olives noires à l'Ail et au Thym

500 g d'olives noires grecques
3 gousses d'ail
1 c. à soupe de thym frais haché
2 c. à soupe d'huile d'olive

Placer les olives dans un pot de verre ou de grès, ajouter l'ail haché, le thym et l'huile. Bien mélanger le tout, fermer le bocal et laisser macérer au frais 2 jours au moins avant de consommer.

Essence d'Ail

24 gousses d'ail écrasées
1 tasse de vinaigre blanc

Amener le vinaigre à ébullition puis verser sur l'ail préparé. Laisser macérer pendant 5-6 heures puis filtrer et réduire le liquide des deux tiers. Conserver dans une bouteille stérilisée et hermétiquement fermée.

Aïoli

12 gousses d'ail
100 g d'huile d'olive
1 jaune d'oeuf
Sel et paprika au goût
1 1/2 c. à soupe d'eau bouillante

Peler et piler les gousses d'ail puis leur incorporer, goutte à goutte au début, l'huile d'olive. Incorporer le jaune d'oeuf, le sel et le paprika. Quand le tout a la consistance d'une mayonnaise, allonger avec l'eau bouillante. Sauce excellente avec les escargots, les champignons, divers légumes blancs, les fruits de mer et la morue.

L'ANETH

«There with her Vervain and her dill
That hindreth witches of their will.»

Poème anglais, 17e siècle

L'Aneth

A. Anethum graveolens. Le nom français provient du grec **anethon**, «fenouil».

B. Originaire d'Asie du Sud, la plante est connue depuis l'Antiquité autant pour ses vertus médicinales que la valeur condimentaire de ses feuilles et ses graines. Déjà citée dans la Bible, elle était pour les Romains le symbole de la joie et du plaisir. En Angleterre, la plante était employée pour contrer les mauvais sorts: aussi les jeunes mariées en garnissaient-elles, avec une pincée de sel, l'intérieur de leurs souliers.

C. De la famille des Ombellifères, l'aneth est une annuelle aux feuilles très découpées et à ombelles à fleurs jaûntres qui peut atteindre 60-80 cm de hauteur. L'odeur de la plante est anisée, un peu menthée et très légèrement fétide.

D. Semis: En pleine terre, en avril-mai ou, mieux, les semences gardant leur pouvoir germinatif peu de temps, en automne. La plante se ressème souvent d'elle-même.

Sol: Riche et meuble.

Expo: Plein soleil.

Distance entre: Plants: 20 cm environ (quelques plants suffisent).

Soins: Sarclages au début seulement car la plante, étant de croissance rapide, prend vite possession de son espace.

Récolte et conservation: Récolter les feuilles au besoin. Pour les semences, quand elles mûrissent, on coupe les tiges porteuses, les attache la tête en bas puis quand elles sont bien séchées, on le bat au-dessus d'un drap tendu. Il faut s'assurer que les semences soient bien sèches avant de les empoter.

E. Usages divers: En cuisine, les feuilles et les semences s'emploient pour aromatiser les salades, divers poissons (écrevisses et saumon surtout) et diverses marinades. On peut aussi en parfumer le pain.

En infusion, à raison de 5-10 g de semences dans 1 litre d'eau bouillante, l'aneth est excellent contre les digestions difficiles et le hoquet.

RECETTES

Petits chaussons à l'Aneth (entrée)

500 g de fromage feta
2 jaunes d'oeuf
3 c. à soupe d'aneth frais
Sel et poivre au goût
750 g de pâte brisée

Égoutter le fromage puis l'écraser à la fourchette. Y incorporer, en mélangeant bien à mesure, les jaunes d'oeuf et l'aneth finement haché. Assaisonner au goût. Abaisser la pâte brisée à 2 mm d'épaisseur puis en faire des rondelles assez grandes pour contenir 1 c. à soupe du mélange. Plier la pâte en deux et en fermer les bords à la fourchette qu'on mouille d'un peu de lait. Badigeonner les chaussons avec du jaune d'oeuf battu puis cuire à 160°C. (325°F. environ), 30 minutes ou jusqu'à ce que les chaussons soient dorés. Servir chaud.

Tzajiki

1 concombre moyen pelé et émincé
2 tasses de yogourt
1 c. à soupe d'huile d'olive
1 c. à thé de vinaigre
1 c. à thé d'aneth haché finement
1 gousse d'ail broyée
Sel et poivre au goût

Mêler tous les ingrédients et mettre au froid 1 heure au moins avant de servir comme accompagnement du poisson grillé ou des aubergines ou courgettes frites.

Sauce à l'Aneth (pour crevettes)

1 tasse de crème sure
1/2 c. à thé de moutarde sèche
1 c. à soupe de jus de citron
1 c. à soupe d'huile d'olive
Sel et poivre au goût
1 c. à soupe d'aneth frais haché
Câpres hachés (facultatif)

Mêler tous les ingrédients. Une variante consiste à remplacer l'aneth par du persil et la crème sure par de la mayonnaise.

Mayonnaise d'Aneth (pour oeufs durs, légumes ou poissons chauds ou froids)

1 jaune d'oeuf
4 c. à soupe de crème sure
1/2 tasse de vinaigrette de base (voir **Index des Recettes**)
Jus de citron au goût
2 c. à soupe d'aneth frais haché

Battre ensemble le jaune d'oeuf et la crème sure jusqu'à ce qu'ils soient parfaitement homogènes. Incorporer la vinaigrette goutte à goutte (comme pour une mayonnaise) puis, par petites quantités. Assaisonner avec le jus de citron puis ajouter l'aneth.

Beurre d'Aneth

3 c. à soupe d'aneth finement haché
2 c. à soupe d'échalotes françaises finement hachées
1 c. à soupe de persil finement haché
1/4 tasse de beurre
1 c. à thé de jus de citron

Bien mêler le tout et garder au froid. Ce beurre s'emploie avec les pâtes italiennes, les oeufs, les poissons et divers légumes. Au congélateur, il se conserve environ 6 mois.

Vinaigre d'Aneth et de Boutons de Capucine

1 litre de vinaigre blanc
1 c. à soupe de boutons de capucine
1 branche d'aneth frais

Amener le vinaigre à ébullition puis le verser sur les boutons de capucine et l'aneth placés dans un bocal de grès ou de verre. Laisser macérer le tout pendant 1 semaine. Retirer l'aneth et les boutons de capucine du vinaigre, ramener celui-ci à ébullition puis l'embouteiller.

Cornichons à l'Aneth (pour 4 pots d'un litre)

Environ 3 litres de cornichons petits ou moyens
Branches d'aneth frais
4 tasses de vinaigre blanc
1/2 tasse de gros sel
4 tasses d'eau
Épices à marinades
Grains de poivre noir
Feuilles de laurier
Ail

Brosser les cornichons à l'eau courante puis les placer avec l'aneth dans les pots stérilisés et chauds. Chauffer le vinaigre et l'eau en y dissolvant complètement le sel. Ajouter dans chaque pot 1 c. à soupe d'épices à marinades, 5-6 grains de poivre noir, une feuille de laurier et 2-3 gousses d'ail entières. Couvrir les cornichons petit à petit du liquide chaud et sceller aussitôt les bocaux. Garder au frais et à l'ombre. Attendre au moins 3 mois avant de consommer.

L'ANIS

«L'Anis est bon aux yeux, à l'estomac,
au coeur
Préférez le plus doux, c'est toujours
le meilleur...»

École de Salerne

L'Anis

A. Pimpinella anisum. Le nom provient du grec **anison,** «faire jaillir par allusion aux propriétés carminatives de la plante.

B. Plante d'origine inconnue mais de culture très ancienne et connue des Égyptiens, des Grecs et des Arabes. «Pour les Chinois, c'était une plante sacrée dont on brûlait les tiges sur les tombeaux et dont les graines servaient pour aromatiser les mets des repas de noces». (Louis Lagriffe)

C. De la famille des Ombellifères, l'anis, cultivé uniquement pour ses semences, est une annuelle au feuillage vert pâle, aux fleurs blanches en ombelles et dont la taille peut atteindre 50 cm. L'odeur de la plante est «anisée», douce et parfumée. La saveur est chaude et piquante.

D. Semis: En pleine terre, en mai. De germination longue, la plante n'a pas toujours le temps de venir à maturité au Québec. De plus, comme les semences ont un pouvoir germinatif faible, il faut les semer serré.

Sol: Riche et léger.

Expo: Plein soleil.

Distance entre: Plants: 20 cm (quelques plants suffisent pour une consommation domestique).

Soins: Sarclages au début, arrosages en cas de sécheresse.

Récolte et conservation: Récolter les feuilles au besoin, les semences à maturité.

E. Usages divers: En cuisine, l'anis entre dans la confection du pastis et diverses autres liqueurs, de biscuits, de pains d'épices, de gâteaux, de dragées, etc.. En mélange avec le gingembre et la cannelle, il parfume divinement la tarte aux pommes (ou la compote). Les feuilles aromatisent bien les salades et les soupes de poisson.

En infusion, à raison d'1 c. à thé dans 1 tasse d'eau, les semences sont toniques du système nerveux et de l'appareil digestif. L'essence s'emploie à raison de 2 à 10 gouttes dans 1 tasse d'eau ou sur un morceau de sucre.

RECETTES

Biscuits à l'Anis

100 g de beurre
200 g de sucre
2 jaunes d'oeuf
200 g de farine
1 c. à soupe de poudre à pâte
1 pincée de sel
1-2 c. à soupe de graines d'anis

Défaire le beurre en crème puis incorporer complètement le sucre. Incorporer ensuite, en alternant, les jaunes d'oeuf battus et les ingrédients secs tamisés ensemble. Rouler la pâte à 1 cm d'épaisseur, la découper en rondelle. Cuire les biscuits badigeonnés de jaune d'oeuf battu sur une plaque beurrée 15 minutes à 110°C. (225°F. environ).

Anisette

1 litre d'alcool à 94°
40-50 g de graines d'anis pilées
200-500 g de sucre (au goût)
Cannelle en morceaux ou vanille en gousses

Macérer le tout pendant 5-6 semaines puis filtrer et embouteiller. L'anisette est un digestif excellent.

LE BASILIC

«Le basilic fin vert, j'ai du beau basilic...»

Cri des marchands des rues de Paris

Le Basilic

A. Ocymum basilicum. Le nom provient du grec **basilikon** qui signifiait «royal». En effet, c'est le roi Alexandre le Grand qui, dit-on, ramena la plante de Perse en Occident.

B. De nombreuses légendes s'attachent au basilic. En Inde, d'où il est originaire, le basilic était consacré au dieu Vishnou car il protégeait du terrible serpent mythique «qui tue avec les yeux». Chez les Égyptiens, il servait, avec la myrrhe, l'encens, la sauge et le thym, à l'embaumement des morts. Enfin, alors que pour les Grecs la plante avait le pouvoir de faire naître des scorpions du cerveau, à Rome, elle était l'emblème des amoureux.

Enfin, comme l'écrit Pierre Ferran: «... la récolte de la plante s'accompagnait d'un rituel précis: l'herboriste devait purifier sa main droite profanatrice en l'aspergeant, à l'aide d'un rameau de chêne, de l'eau de trois sources différentes, revêtir des vêtements propres et se tenir à distance des êtres impurs, en particulier des femmes en période de menstruation. Les instruments de fer - métal vil - étaient, bien entendu, proscrits lors de la cueillette. Les sorciers qui recherchaient eux aussi le basilic procédaient également au ramassage avec un rituel qui était en tous points opposé à celui que nous venons de relater. La plante devait être cueillie la nuit, par une femme non vierge, de la main gauche, mise dans une chemise souillée et coupée avec un couteau venant de servir à égorger un poulet noir».

C. Labiée annuelle à feuilles d'un beau vert brillant et à fleurs blanches ou rosées, le basilic forme un petit buisson qui peut atteindre 40 cm de hauteur. On en connaît plusieurs variétés: à grandes feuilles, à petites feuilles (plus parfumé), etc. L'odeur de la plante est à la fois anisée et giroflée, pénétrante et très agréable.

D. Semis: Semis intérieur en mars-avril. Transplanter en mai quand tout danger de gelée est passé. La tomate est une bonne plante-compagne du basilic.

Sol: Léger, humide mais bien drainé.

Expo: Soleil ou partiellement ensoleillé (pour retarder la floraison).

Distance entre: Plants: 25 cm (une douzaine de plants peuvent suffire).

Soins: Sarclages au début, arrosages copieux par temps sec. Tailler les plants pour les empêcher de fleurir. Ne jamais toucher aux plants par temps humide car cela peut provoquer la rouille des feuilles.

Récolte et conservation: Récolter les feuilles au besoin puis quand la floraison ne peut plus être arrêtée, cueillir les plants et les sécher en petits bouquets, la tête en bas, dans un lieu sec et bien ventilé. Conserver les feuilles séchées entières (broyées, elles perdent vite leur parfum délicat). Les feuilles peuvent aussi être conservées congelées (après blanchiment de quelques secondes) ou dans le vinaigre ou l'huile d'olive (voir recettes).

Pour la **culture intérieure,** on recommande le basilic à petites feuilles. On doit à tout prix empêcher la plante de fleurir car elle meurt dès qu'elle a donné ses graines. Le sol doit être riche, bien drainé et doit sécher entre les arrosages. Garder la plante au soleil, dans une pièce assez fraîche. Une taille fréquente fait ramifier le plant à la base et, ainsi, le renforcit.

E. **Usages divers:** En cuisine, le basilic s'emploie dans les salades, avec les tomates, aubergines et poivrons, les champignons sauvages, les poissons cuits au court-bouillon, les oeufs brouillés et le veau. Toutefois, le basilic dont l'essence est très volatile, ne doit jamais être mijoté mais ajouté aux plats seulement en fin de cuisson.

Médicinalement, le basilic a des vertus toniques, stomachiques et antispasmodiques. L'essence de basilic, d'un prix assez élevé, s'emploie à raison de 2 à 5 gouttes sur un morceau de sucre, 3 fois par jour. Cette essence est aussi efficace contre les piqûres d'insectes (guêpes, etc.).

RECETTES

Pistoule (soupe provençale) (6-8 personnes)

500 g de haricots verts
8 grosses tomates blanchies puis pelées
3-4 pommes de terre
2-3 gousses d'ail
2-3 branches de basilic frais
3-4 c. à soupe d'huile d'olive
Gruyère râpé
Croûtons au beurre d'ail

Dans 2 litres d'eau, jeter les haricots, les tomates et les pommes de terre coupées en morceaux. Saler et poivrer au goût puis mijoter 1 heure ou plus. Cinq minutes avant de servir, verser dans la soupe ce mélange précédemment préparé: ail écrasé, basilic haché, les deux doucement fondus dans l'huile. Servir avec les croûtons et le gruyère râpé.

Santa Lucia (entrée italienne)

Par convive: *1 grosse tomate bien mûre*
1 boule de mozzarella type Boconcini
Sel et poivre au goût
Basilic frais haché
1 filet d'huile d'olive

Trancher la tomate et entre chaque tranche placer une tranche de fromage. Saler, poivrer et parsemer de basilic haché puis couvrir le tout d'un filet d'huile d'olive. Une entrée simple mais délicieuse, avec ou sans pain au beurre d'ail.

Ciabote

Par personne: *1 c. à soupe d'huile d'olive*
1 poivron vert coupé en lamelles fines
1 gousse d'ail hachée
2 tomates blanchies, pelées et hachées
Sel et poivre au goût
2-3 c. à soupe de basilic frais haché
2 oeufs

Faire revenir le poivron et l'ail dans l'huile puis leur ajouter les tomates. Assaisonner puis ajouter le basilic. Mijoter 10-12 minutes puis casser les oeufs en surface de la sauce et les cuire à l'étouffée jusqu'à ce que le blanc (mais non le jaune) soit cuit. Servir avec des tranches de pain frottées au beurre d'ail et passées au four. Un autre plat simple mais délicieux.

Spaghetti aux haricots (4 personnes)

450 g de spaghetti
450 g de haricots verts

Sauce: *5-6 c. à soupe d'huile d'olive*
      4 gousses d'ail
      2 gros oignons
      8 grosses tomates blanchies, pelées et hachées
      Un gros bouquet de basilic

Faire revenir l'ail et les oignons hachés dans l'huile puis leur incorporer les tomates et le basilic haché. Mijoter 15-20 minutes puis verser cette sauce sur les spaghetti et les haricots cuits (séparément, bien sûr) et mêlés.

Ratatouille d'été (plat d'accompagnement)

2 gros oignons
2 gousses d'ail
4 c. à soupe d'huile d'olive
2 poivrons verts
1 aubergine moyenne
12 grosses tomates bien mûres
2 petites courgettes
Sel et poivre au goût
1 poignée de feuilles de basilic
1 pincée de safran (facultatif)

Faire revenir l'ail et les oignons hachés dans l'huile. Ajouter les poivrons et l'aubergine coupés en morceaux d'une bouchée. Mijoter 20 minutes puis ajouter les tomates coupées en gros quartiers. Mijoter 15 minutes encore puis ajouter les courgettes coupées en morceaux d'une bouchée, du sel et du poivre au goût. Quand les courgettes sont tendres, ajouter le basilic haché et le safran. Touiller, mijoter 15 minutes de plus et servir.

Canard au basilic (4-6 personnes)

1 canard de 2 kilos environ
Sel et poivre
100 ml de cognac ou brandy
1-2 tasses de Bordeaux
2 gros oignons hachés
1 c. à soupe de thym
2 feuilles de laurier
6-8 grains de toute-épice
2 c. à soupe de persil frais haché
100 g de gras de porc
1 c. à soupe d'huile d'olive
1 gousse d'ail
250 g de champignons frais tranchés
1 petit bouquet de basilic frais haché

Couper le canard en morceaux, le placer dans un plat de verre. L'assaisonner (sel et poivre) puis le couvrir du cognac, du Bordeaux, de l'oignon et des herbes et toute-épice. Laisser macérer de 4 à 5 heures. Au bout de ce temps, égoutter le canard et l'assécher puis le faire dorer 20 minutes environ dans le gras de porc et l'huile d'olive. Ajouter le vin (filtré) dans lequel a trempé le canard puis l'ail et les champignons tranchés. Mijoter 1 heure ou jusqu'à ce que le canard soit tendre. 5 minutes avant la fin de la cuisson, couvrir le canard de basilic frais haché. Servir avec la sauce réduite à feu vif et des nouilles au beurre.

Pesto (4 personnes)

Le pesto est la version italienne du pistou provençal. Le nom provient de l'italien **pestare**, «piler». Ce mélange s'emploie avec les pâtes italiennes, les soupes de légumes et avec le millet ou le couscous. Le basilic employé doit être frais. Le pesto se conserve bien au congélateur.

2 gousses d'ail
10 branches de basilic frais (feuilles)

4 branches de persil frais
30 g de pignons (noix de pin) *ou noisettes*
20 g de gros sel
200 g d'huile d'olive
150 g de parmesan râpé

Piler dans un mortier (ou passer au mélangeur) l'ail, le basilic, le persil, les pignons et le sel. Incorporer l'huile d'olive peu à peu jusqu'à l'obtention d'une émulsion (comme une mayonnaise). Ajouter enfin le fromage râpé.

Beurre de Basilic

3 tasses de basilic frais finement haché
1/2 tasse de beurre
2 c. à thé de jus de citron

Bien mêler le tout et, si désiré, le congeler. Excellent avec les pâtes italiennes, les oeufs, les poissons et divers légumes. Il se conserve six mois environ au congélateur.

Vinaigre d'Ail et de Basilic (pour 6 tasses)

1/2 tasse de feuilles de basilic frais
5 tasses de vinaigre de cidre
3 gousses d'ail
1/2 tasse de feuilles de basilic (2 semaines plus tard)
1/2 tasse de vinaigre de vin rouge (3 semaines plus tard)
1/2 tasse d'eau bouillante (3 semaines plus tard)
3 branches de basilic (3 semaines plus tard)

Dans un chaudron de fonte émaillée, placer les feuilles de basilic légèrement écrasée puis les couvrir du vinaigre de cidre. Amener le tout à ébullition, à feu vif, puis retirer aussitôt du feu. Verser dans un pot de grès ou de verre, ajouter l'ail, couvrir et laisser macérer pendant 2 semaines. Au bout de ce temps, retirer le basilic et l'ail du vinaigre, y ajouter 1/2 tasse de feuilles de basilic, couvrir et laisser macérer 1 semaine encore. La semaine suivante, retirer le basilic du vinaigre, y ajouter le vinaigre de vin rouge et l'eau bouillante. Verser dans 3 pots d'1/2 litre (ou des bouteilles) en plaçant dans chacun une branche de basilic.

Huile de Basilic (pour plats provençaux et italiens, salades, etc.)

1 litre d'huile d'olive un peu fruitée
5 belles branches de basilic frais
6 gousses d'ail
1 échalote «française»

Laisser macérer le tout 2 mois avant de commencer à consommer.

LA BOURRACHE

«... réjouit les esprits vitaux et animaux
infestés par la bile noire...»

Nicolas Alexandre, 1716

La Bourrache

A. Borrago officinalis. Le nom vient des mots arabes **abu rach,** signifiant «père de la sueur» et qui font allusion aux propriétés sudorifiques de la plante.

B. Originaire d'Orient et connue depuis l'Antiquité, la bourrache est aujourd'hui cultivée surtout pour l'abondance et la beauté de ses petites fleurs bleues en étoile qui attirent les abeilles au jardin.

C. De la famille de Borraginées, la bourrache peut atteindre 60 cm. Une plante sauvage de la même famille, la vipérine, se prête aux mêmes usages que la bourrache. L'odeur de la plante est presque nulle. Toutefois, son goût rappelle celui du concombre avec une pointe de fétidité.

D. Semis: En pleine terre, en avril-mai. La semence prend de 10 à 12 jours à germer. La plante se ressème souvent d'elle-même.

Sol: Sablonneux, léger.

Expo: Plein soleil.

Distance entre: Plants: 30 cm (quelques plants suffisent généralement).

Soins: Sarclages au début et arrosages en cas de sécheresse. La plante prend vite possession du sol.

Récolte et conservation: Feuilles et fleurs se récoltent au besoin. La plante se conserve mal sauf dans le vinaigre que les fleurs colorent en bleu.

E. Usages divers: En cuisine, les feuilles de bourrache hachées sont employées surtout en salades. On peut aussi en faire un thé glacé très rafraîchissant aux heures chaudes de l'été. Les feuilles peuvent aussi se manger cuites comme les épinards ou farcies comme les feuilles de vigne.

En infusion, à raison d'1 c. à soupe de fleurs dans 1 tasse d'eau (infuser 10 minutes), la plante a des vertus dépuratives et diurétiques.

RECETTES

Fleurs de Bourrache confites

Autant de fleurs que de sucre (en poids)

Récolter les fleurs puis les laisser tremper un peu en eau froide. Les égoutter puis les presser délicatement avec les mains pour en extraire toute l'eau. Préparer un sirop léger (sucre et eau) puis y jeter les fleurs. Amener à ébullition et donner 7 bouillons, pas plus. Retirer le chaudron du feu et laisser refroidir complètement pour que les fleurs s'imprègnent de sucre. Retirer les fleurs du sirop une à une, les placer sur une plaque à biscuits et les laisser sécher complètement avant de les mettre dans une boîte au fond de laquelle on a placé une feuille de papier ciré. Conserver cette friandise dans un lieu frais mais sec. Les pétales de rose se confisent de la même façon.

LE CARVI

*«... un merveilleux remède pour ceux
que gênent les vents...»*

Nicolas Culpeper

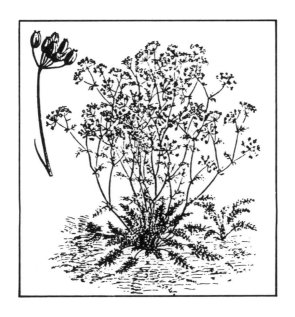

Le Carvi

A. **Carum carvi.** Le nom provient de l'arabe **karwaia.**

B. Originaire d'Asie, la plante était déjà connue des peuples préhistoriques. Son histoire est cependant pauvre en légendes.

C. Ombellifères bisannuelle à fleurs blanches minuscules et dont le feuillage ressemble à celui de la carotte, le carvi peut atteindre 60 cm de hauteur. La plante se rencontre souvent à l'état sauvage mais seules ses semences sont alors utilisées. L'odeur rappelle en même temps celles de la carotte et de l'anis. La saveur est chaude et piquante.

D. **Semis:** En pleine terre en avril ou, mieux, les semences gardant leur pouvoir germinatif peu de temps, en automne.

Sol: Meuble, riche.

Expo: Plein soleil.

Distance entre: Rangs: 45-60 cm, **Plants:** 10 cm.

Soins: Sarclages et binages au besoin.

Récolte et conservation: Récolter les semences (la deuxième année) quand elles commencent à tomber, les racines, en octobre-novembre ou tôt le printemps suivant (comme le panais et le salsifis); garder alors quelques plants pour les semences. Les racines se conservent bien tout l'hiver.

E. **Usages divers:** En cuisine, les semences de carvi facilitent la digestion d'aliments lourds comme la choucroute, les viandes grasses, les charcuteries, etc. Elles aromatisent agréablement le pain, les pommes de terre et les carottes, divers fromages (dont le Munster) et liqueurs (Aquavit, Vespétro...). Les racines se consomment comme les carottes. On peut faire avec les tiges et les ombelles de la plante séchée de jolis petits balais.

En infusion, à raison d'1 c. à thé de graines dans 1 tasse d'eau, le carvi a des vertus carminatives, stimulantes et stomachiques. En essence, il s'emploie à raison d'1 à 3 gouttes sur un morceau de sucre, au besoin.

RECETTES

Chou blanc au Carvi

1 petit chou blanc
Un peu de lard fumé
1 oignon haché
Un peu de gras animal
Sel et poivre au goût
1 tasse de bouillon de légumes ou de poulet
Graines de carvi

Trancher le chou puis faire revenir le lard coupé en petits cubes et l'oignon dans un peu de gras animal. Ajouter le chou et le carvi et mêler le tout avec un peu de poivre. Ajouter ensuite le bouillon, assaisonner et mijoter jusqu'à ce que le chou soit tendre mais encore croquant.

Liqueur de Carvi (Kummel)

1 litre d'alcool
40 g de semences de carvi légèrement pilées
200 g de sucre

Faire macérer le tout pendant environ 2 semaines puis filtrer. À boire comme liqueur digestive après les repas.

LE CATAIRE

«Les chats recherchent cette plante avec avidité, se roulent dessus et s'enivrent de son odeur...»

Marie-Victorin

Le Cataire (Herbe à chats)

A. **Nepeta cataria.** Le nom **cataria** fait allusion aux chats qui raffolent de cette plante qui leur est bénéfique, en hiver surtout.

B. Déjà connu des Romains, le cataire était employé au Moyen-Âge comme herbe condimentaire dans les soupes et les ragoûts.

C. Labiée vivace à feuilles dentées vert-grisâtre et à fleurs roses, bleues ou blanches. La plante peut atteindre 50 cm de hauteur. Le cataire se rencontre occasionnellement à l'état sauvage. L'odeur est en même temps menthée et légèrement camphrée.

D. **Semis:** En pleine terre, en avril. La plante se ressème facilement d'elle-même.

Sol: Meuble, peu exigeant.

Expo: Soleil ou demi-ombre.

Distance entre: Plants: 30 cm (quelques plants suffisent généralement).

Soins: Sarclages au début. Mais le soin principal consiste à protéger les jeunes plants contre les chats qui les dévorent entièrement.

Récolte et conservation: Récolter la plante entière (sauf bien sûr, la racine) pendant ou peu après la floraison. La plante se sèche très facilement.

E. **Usages divers:** À raison d'1 c. à soupe de feuilles séchées par tasse d'eau, l'infusion est riche en vitamines A et C et a des vertus toniques et digestives. On la dit excellente contre les maux de tête. Les jeunes pousses de la plante peuvent se manger en salade au printemps.

LE CERFEUIL

*«... Le temps ravive le cerfeuil. Je ne
veux pas être tout seul.
Quand l'hiver tournera de l'oeil...»*

Je reviens chez nous,
Jean-Pierre Ferland

Le Cerfeuil

A. **Cerefolium sativum.** Le nom provient du grec **kairephyllon,** «feuille de Cérès», déesse des moissons.

B. Originaire du Moyen-Orient, le cerfeuil fut introduit en France lors des Croisades, d'abord comme plante médicinale. Pour les Grecs et les Romains, c'est une plante qui symbolisait la résurrection et le rajeunissement. Il est de tradition, dans certains pays d'Europe, de manger de la soupe au cerfeuil le Jeudi Saint.

C. Ombellifère annuelle à feuilles triangulaires finement découpées et à petites fleurs blanches puis fruits allongés noirâtres, le cerfeuil peut atteindre 30 cm de hauteur. Il existe une variété de cerfeuil bulbeux dont la culture pourrait être tentée au Québec. Les feuilles froissées dégagent un parfum très agréable qui rappelle en même temps ceux de la réglisse et du persil.

D. **Semis:** En pleine terre, fin avril, soit à la volée, soit sur un bout de rang. On peut répéter ce semis à quelques reprises. Les semences prennent généralement 2 semaines à germer. La plante se ressème souvent d'elle-même.

Sol: Meuble, riche en humus et azote.

Expo: Soleil ou demi-ombre (pour retarder la floraison qui se fait rapidement).

Distance entre: Plants: 10 cm.

Soins: Sarclages et arrosages par temps sec. On peut prolonger la vie de la plante en taillant le plus tôt possible ses tiges florales.

Récolte et conservation: Prêtes à être cueillies au bout de 6 semaines de croissance, les feuilles doivent être séchées à l'ombre, en petits bouquets, le plus rapidement possible, bien qu'elles perdent ainsi beaucoup de leur parfum et qu'il soit préférable de toujours les employer fraîches. On peut récolter les semences, soit pour des semis ultérieurs, soit pour les utiliser comme condiment. Le cerfeuil se congèle assez bien tel quel ou après avoir été blanchi quelques secondes, pas plus, en eau bouillante.

La **culture intérieure** de la plante est assez facile, quoique la plante ait une courte durée de vie.

E. **Usages divers:** En cuisine, il entre dans nombre de recettes (soupes, salades, omelettes, etc.). C'est un ingrédient habituel des **Bouquets Garnis** ou mélanges de **Fines Herbes** (voir Index des

Recettes). Comme le basilic, la menthe et le persil dont les huiles sont très volatiles, n'ajouter le cerfeuil à un plat qu'à la toute dernière minute de cuisson. Deux plantes sauvages peuvent servir de substitut au cerfeuil. Ce sont l'**Achillée Millefeuille** (ou Herbe à dindes) et la **Cryptoténie du Canada** (consulter la **Flore Laurentienne** de Marie-Victorin pour leur description).

RECETTES

Soupe au Cerfeuil (4 personnes)

100 g de beurre
100 g de fleurs et/ou feuilles de cerfeuil
4 tasses d'eau salée au goût
6-8 c. à soupe de cerfeuil finement haché
4 oeufs battus
Croûtons au beurre d'ail

Faire revenir le cerfeuil dans le beurre jusqu'au point d'ébullition. Ajouter l'eau par petites quantités puis laisser mijoter 5 minutes. Jeter le cerfeuil haché dans la soupe et verser celle-ci sur les oeufs battus dans la soupière. Servir aussitôt avec des croûtons frottés au beurre d'ail.

Crème de Cerfeuil (4 personnes)

1 gros bouquet de cerfeuil
30 g de beurre
1 litre de sauce béchamelle légère (à base de bouillon de poulet)
1 tasse de crème fraîche
3-4 c. à soupe de cerfeuil finement haché

Faire fondre doucement le cerfeuil haché dans le beurre pendant 5-6 minutes, à l'étouffée. Ajouter ensuite la béchamelle et mijoter 10-12 minutes puis passer le tout au mélangeur (blender). Ajouter la crème et réduire le tout à bonne ébullition pendant 5 minutes et en brassant constamment. Servir avec des croûtons après avoir parsemé la soupe de cerfeuil frais. On peut faire la même crème avec divers légumes (cresson, oseille, orties, poireaux, etc.).

Pommes de terre au Cerfeuil (6 personnes)

1 kilo de pommes de terre
1 bouquet de cerfeuil frais
1 grosse noix de beurre
Sel, poivre, eau

Peler les pommes de terre et les trancher finement. Hacher grossièrement le cerfeuil. Dans un chaudron à fond épais, alterner les couches de pommes de terre et de cerfeuil. Assaisonner au goût puis couvrir d'eau. Cuire doucement à l'étouffée 20-30 minutes, jusqu'à ce que toute l'eau ait été absorbée. Jeter le beurre sur les pommes de terre avec un peu de cerfeuil frais haché finement et servir aussitôt. On peut faire le même plat avec des verts de poireaux émincés.

Omelette au Cerfeuil

Procéder comme pour l'**Omelette aux Fines Herbes** (voir **Index des Recettes**) mais en n'employant que du cerfeuil frais.

Sauce Béarnaise (pour viandes grillées)

2-3 échalotes dites françaises
1 petite branche d'estragon frais
3 branches de cerfeuil frais
2 c. à soupe de vin blanc
2 c. à soupe d'eau froide
4 jaunes d'oeufs
250 g de beurre ramolli (mais non fondu)
Sel et poivre au goût
1 c. à soupe de cerfeuil haché
1 c. à soupe d'estragon haché

Émincer les échalotes et les fines herbes puis les jeter dans une petite poêle, les couvrir de vin blanc et laisser mijoter jusqu'à ce que le vin soit presque entièrement évaporé. Ajouter l'eau aux herbes et mettre de côté. Placer les jaunes d'oeufs dans la partie supérieure d'un bain-marie déjà chaud, leur incorporer les herbes puis le beurre par petites quantités en prenant soin de battre le mélange uniformément jusqu'à ce que le tout prenne la consistance d'une mayonnaise. Assaisonner au goût. Servir très chaud et parsemer de cerfeuil et d'estragon frais hachés. Une des grandes sauces classiques excellente avec les steaks et côtelettes grillés.

Sauces chaude ou froide au Cerfeuil

À de la crème sure (pour la sauce froide), ajouter du cerfeuil frais finement haché puis assaisonner au goût. Pour la sauce chaude, remplacer la crème sure par de la sauce béchamelle (voir **Index des Recettes**).

Vinaigre de Cerfeuil

2 tasses de cerfeuil frais émincé
2 tasses de vinaigre de vin blanc

Mettre 1 tasse de cerfeuil à macérer dans le vinaigre pendant 24 heures. Passer le vinaigre au tamis et répéter l'opération avec l'autre tasse de cerfeuil. Embouteiller le vinaigre dont on peut se servir dans les salades.

Essence de Cerfeuil

Infuser du cerfeuil dans du vin blanc puis passer et réduire.

Bouillon aux Herbes (laxatif)

Une poignée de chacune des plantes suivantes: cerfeuil, oseille, bettes à cardes et laitue. Cuire dans 1 litre d'eau et boire le bouillon ou ajouter sel au goût, un peu de beurre et manger comme une soupe.

Eau nettoyante pour la peau

Mijoter une grosse poignée de cerfeuil dans 1 litre d'eau. Laver le visage avec cette eau réputée anti-rides. L'eau d'Hamamélis vendue dans le commerce est aussi excellente.

LA CIBOULETTE

*«Quiconque a mangé de cibouille
(ciboulette) de baisers personne
ne souille»*

Épigrammes de Martial

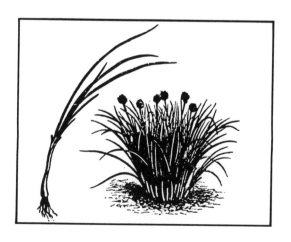

La Ciboulette

A. Allium Schoenoprasum. Le nom provient du latin **cepula** qui signifie «petit oignon».

B. Déjà connue des Chinois il y a plus de deux mille ans puis des Egyptiens, la ciboulette se vendait à la criée au Moyen-Âge sous le nom d'«appétits».

C. De la famille des alliacées (ail, oignon, poireau), la ciboulette est une vivace rustique à feuilles filiformes et boules de fleurs mauves très ornementales dans une rocaille ou au jardin de fleurs. La plante peut atteindre 25-40 cm de hauteur.

D. Semis: En pleine terre en avril ou mieux (pour en avoir plus vite), par achat de plants ou semis intérieur en mars. Les graines prennent généralement 10 jours à germer. La plante se ressème d'elle-même.

Sol: Riche, meuble et bien fumé.

Expo: Soleil ou demi-ombre.

Distance entre...: Semer à la volée.

Soins: Sarclages au début, binages. À l'automne, raser les touffes pour renforcir les bulbes. Engraisser le sol chaque année.

Récolte et conservation: Couper au besoin. Séchage possible mais de peu de profit. Les fleurs peuvent être confites dans le vinaigre pour servir de condiment. Blanchie quelques secondes en eau bouillante, la ciboulette se congèle très bien.

En **culture intérieure,** la plante exige beaucoup de lumière, d'air frais, d'humidité et un sol riche. On peut la remplacer par les feuilles d'ail chinois ou d'ail des bois.

E. Usages divers: De valeur alimentaire comparable à celle de l'oignon, la ciboulette s'emploie dans les soupes (ajouter à la dernière minute), les salades, les omelettes et avec diverses viandes.

RECETTES

Pain à la Ciboulette

Un pain frais
Beurre
Ciboulette
Sel et poivre

Préparer un beurre de Ciboulette (procéder comme pour le Beurre d'Ail) et l'assaisonner au goût. Trancher le pain, beurrer les tranches puis reformer le pain et le mettre dans du papier d'aluminium. Cuire au four à 175°C. (350°F.) pendant 15-20 minutes.

Biscuits à la Ciboulette (24 environ)

4 tasses de farine tamisée
4 c. à thé de poudre à pâte
1 c. à thé de sel
6 c. à soupe de beurre
1/8 de c. à thé de romarin haché
5 c. à soupe de ciboulette hachée
1/2 c. à thé de poudre d'ail
1 1/8 tasse de lait

Mêler la farine, la poudre à pâte et le sel. Incorporer le beurre puis la ciboulette et le romarin. Mettre la poudre d'ail dans le lait, incorporer celui-ci au premier mélange et faire du tout une pâte assez molle. Rouler sur une planche enfarinée à 1 cm d'épaisseur. Découper en rondelles et cuire à 225°C. (425°F. environ) pendant 12-15 minutes.

Sauce Tartare

1 tasse de mayonnaise préparée
1 branche de persil frais émincé
1 branche d'estragon frais émincé
1 petit paquet de ciboulette émincée
2-3 petits cornichons sucrés finement hachés
1 c. à thé de moutarde de Dijon
Un peu de vinaigre de vin blanc

À la mayonnaise ajouter les fines herbes et les cornichons puis la moutarde. Bien mêler le tout et allonger au goût avec le vinaigre. Excellent avec les fruits de mer et les poissons froids ou chauds.

LA CORIANDRE

«Pour l'estomac vous pouvez prendre
De la graine de coriandre
Les vents à son approche, ou par haut
ou par bas
Sortent à petits bruits ou même avec
fracas...»

École de Salerne

La Coriandre

A. **Coriandrum sativum.** Le nom provient des mots grecs **koris** et **andros** qui signifient «mari de la punaise», par allusion à l'odeur désagréable des graines fraîches.

B. Probablement originaire de la Méditerranée orientale, l'histoire de la coriandre se perd dans la nuit des temps. Bien qu'autrefois considérée comme vénéneuse par certains peuples, on s'en servait dans certains rites religieux ou pour rendre les vins plus capiteux.

C. Ombellifère annuelle à fleurs blanches ou rosées, la coriandre peut atteindre 30 à 60 cm de hauteur. Les feuilles dégagent une odeur à la fois anisée et fétide, très entêtante, qui en limite l'emploi.

D. **Semis:** En pleine terre, fin-avril. Contrairement aux autres ombellifères (aneth, anis...), la coriandre garde son pouvoir germinatif durant plusieurs années. La plante se ressème souvent d'elle-même.

Sol: Sablonneux, léger.

Expo: Plein soleil.

Distance entre: Plants: 25 cm (une douzaine de plants suffisent généralement).

Soins: Sarclages au besoin, arrosages en cas de sécheresse.

Récolte et conservation: Récolter les feuilles au besoin, les graines quand elles tournent au brun, généralement fin-août. Respirée de trop près, surtout par temps pluvieux, la plante peut provoquer des étourdissements. Toutefois, l'odeur de punaise des graines disparaît à la dessiccation.

E. **Usages divers:** En cuisine, les feuilles s'emploient dans diverses recettes. Les graines moulues servent à aromatiser le riz, les omelettes, la purée de pommes de terre, les biscuits et les pains d'épices. Elles entrent aussi dans la confection de certaines liqueurs (Chartreuse...) et, en parfumerie, leur essence donne un parfum comparable à celui du muguet. Marinées dans le vinaigre, elles servent à aromatiser certaines viandes (agneau...). Enfin, quelques graines de coriandre mâchées neutralisent bien l'odeur de l'ail.

Médicinalement, à raison d'1 c. à thé de graines légèrement écrasées dans 1 tasse d'eau, la coriandre est stimulante, carminative et digestive. L'essence s'emploie à raison d'1 à 3 gouttes sur un morceau de sucre, 3-4 fois par jour. La coriandre doit être utilisée avec discrétion car, à hautes doses, après une action euphorisante, et même enivrante, elle devient déprimante.

RECETTES

Poulet indien à la Coriandre (4 personnes)

3 gousses d'ail
1 c. à thé de gingembre moulu
5-6 c. à soupe d'huile de cuisson
1 gros oignon
4 cuisses ou demi-poitrines de poulet
1 c. à thé de sel
2 1/2 tasses d'eau chaude
2 tasse de yogourt
1 bouquet de feuilles de coriandre
1/4 de poivron fort ou doux émincé
1/2 c. à thé de curcuma
1 c. à thé de Garam masala (voir recette suivante)

Faire une pâte avec l'ail broyé et le gingembre. Ensuite, faire revenir l'oignon émincé dans l'huile puis ajouter la pâte d'ail et le sel et mijoter 5 minutes. Dorer le poulet dans cette sauce puis ajouter l'eau chaude, couvrir et mijoter jusqu'à ce que le poulet soit tendre. Retirer le poulet et le garder au four dans un plat de service. Réduire la sauce puis incorporer le yogourt, le poivron, le curcuma et le Garam masala et amener à ébullition en brassant bien. Couvrir le poulet de cette sauce et servir aussitôt avec du riz blanc.

Garam masala (Mélange d'épices indien)

200 g de graines de coriandre
100 g de graines de cumin
100 g de graines de cardamome
50 g de cannelle de Ceylan
200 g de grains de poivre noir
100 g de clous de girofle
1 c. à thé de muscade

Rôtir les graines de coriandre et de cumin séparément. Peler les cardamomes après les avoir fait tremper dans un peu d'eau bouillante. Moudre les épices et les mêler à la muscade râpée. Garder dans un contenant hermétique. Ce mélange s'emploie dans un grand nombre de recettes indiennes (Inde).

Champignons à la Grecque

Préparer d'abord ce court-bouillon: simplement mijoter à l'étouffée tous les ingrédients suivants pendant 10 minutes:

2 tasses d'eau
6 c. à soupe d'huile d'olive
1/3 tasse de jus de citron
1/2 c. à thé de sel
2 c. à soupe d'échalotes françaises émincées
6 branches de persil
1 branche de céleri en feuilles (ou 1/8 de c. à thé de graines de céleri)
1 branche d'aneth ou de fenouil (ou 1/8 de c. à thé de graines de fenouil)
1 branche de thym (ou 1/8 de c. à thé de thym séché)
12 grains de poivre noir
6 graines de coriandre

Pendant ce temps, préparer 450 g de champignons, en les gardant entiers s'ils sont petits, en les coupant en 2 ou 4 s'ils sont gros. Les mijoter 10 minutes dans le court-bouillon dont on a retiré les herbes et épices puis les retirer du liquide. Réduire alors le bouillon à feu vif jusqu'à ce qu'il n'en reste plus qu'1/3 de tasse. Vérifier les assaisonnements puis couvrir les champignons de cette sauce. Ce plat qu'on parsème de persil ou d'aneth frais avant de le servir peut se conserver 2-3 jours au réfrigérateur.

On peut préparer de la même façon les fonds d'artichaut, les coeurs de céleri, les blancs de poireau et le fenouil doux sauf qu'il faut alors les mijoter 20-30 minutes ou jusqu'à ce qu'ils soient tendres.

Chutney indien à la Coriandre (pour 2 tasses)

1/4 de tasse de jus de citron
1/4 de tasse d'eau
2 pleines tasses de feuilles et tiges de coriandre fraîche
1/4 de tasse de noix de coco râpée
1/4 de tasse d'oignon émincé
2 c. à soupe de gingembre frais finement haché
2 c. à thé de poivron fort finement haché
1 c. à thé de sel
1 c. à thé de sucre
1/4 de c. à thé de poivre noir moulu

Passer d'abord au mélangeur (blender) le jus de citron, l'eau et la coriandre puis le reste des ingrédients. Ce chutney se sert avec les viandes au curry. Il peut se garder 1 semaine au réfrigérateur.

Formules de Cari (Curry) indien

25 g de coriandre	ou	*60 g de coriandre*
5 g de curcuma		*30 g de cardamome*
5 g de poivre noir		*15 g de curcuma*
5 g de poivre de Cayenne		*25 g de piment jaune*

Rôtir doucement les graines de coriandre puis les moudre et ajouter le reste des épices moulues. Excellent dans le riz et nombre de recettes indiennes (consulter l'excellent petit livre de la collection Time-Life).

Parfait Amour (liqueur digestive et, dit-on, aphrodisiaque)

1 litre d'alcool 94°
15 g de thym frais
5 g de gousses de vanille
5 g de macis entier
5 g de cannelle concassée
5 g de graines de coriandre
20 g de zeste de citron râpé
1/2 litre d'eau
200 g de sucre

Faire macérer les ingrédients (sauf l'eau et le sucre) dans un grand pot de grès ou de verre hermétiquement fermé pendant 21 jours. Filtrer le tout puis faire un sirop avec le sucre et l'eau et l'ajouter à l'alcool. Conserver dans des bouteilles stérilisées et boire comme liqueur digestive après les repas.

L'ESTRAGON

«... c'est une des salades les plus agréables qui n'a besoin ni de sel, ni de vinaigre, car elle possède le goût de ces deux condiments...»

Ruellius

L'Estragon

A. Artemisia Dracunculus. Le nom vient du latin **dracunculus** qui signifiait «petit dragon», probablement par allusion à la forme des racines entremêlées de la plante qui évoque un dragon.

B. Originaire de Sibérie, la plante fut introduite en Europe vers le Moyen-Âge. À cette époque, pour se prémunir contre la fatigue, les pèlerins en partance vers la Terre Sainte en garnissaient l'intérieur de leurs sandales. De même, comme son nom l'indique, on croyait que la plante protégeait des morsures des petits serpents et... des dragons.

C. Composée vivace, l'estragon est une plante buissonnante à petites feuilles étroites et fleurs blanchâtres **toujours stériles.** C'est pourquoi les semences d'estragon vendues dans le commerce donnent une plante dont la valeur condimentaire est presque nulle. **On ne peut se procurer d'estragon véritable qu'en plants.** Ceux-ci peuvent atteindre 70 cm de hauteur. L'odeur et la saveur de la plante sont en même temps anisées et légèrement poivrées, pénétrantes et très agréables.

D. Multiplication: Jamais par semis mais division de racines en automne ou prélèvement de jeunes boutures au printemps.

Sol: Léger, riche, bien drainé.

Expo: Plein soleil.

Distance entre: Plants: 30-40 cm (quelques plants suffisent généralement).

Soins: Sarclages normaux, taille des plants en automne et protection des plants en hiver (paillis). Diviser la plante à tous les 4-5 ans.

Récolte et conservation: Récolter les feuilles au besoin. Les feuilles se conservent bien par séchage ou en beurre, vinaigre ou essence (voir plus loin).

La **culture intérieure** de la plante est assez facile.

E. Usages divers: En cuisine, l'estragon parfume bien les volailles, les viandes grillées (veau surtout), les plats aux oeufs, les salades et les marinades. Contrairement aux herbes à huiles volatiles (pour rappel: basilic, cerfeuil, menthe et persil), l'estragon supporte assez bien la cuisson. La saveur brûlante des feuilles en fait, une fois celles-ci séchées et broyées, un excellent succédané du sel et du poivre, pour ceux qui doivent les éliminer de leur régime.

Médicinalement, l'estragon est surtout un stimulant de l'appareil digestif. Comme digestif ou contre le hoquet, l'essence s'emploie à raison de 3 à 5 gouttes dans une tasse d'eau chaude ou sur un cube de sucre. L'infusion qui se fait à raison de 25 g de feuilles dans un litre d'eau est aussi excellente.

RECETTES

Potage à l'estragon (4 personnes)

200 g de feuilles d'estragon frais
150 ml de vin blanc sec
4 tasses de sauce béchamelle claire (voir **Index des Recettes**)
Sel et poivre au goût
1 noix de beurre

Hacher grossièrement l'estragon puis ajouter le vin et mijoter jusqu'à réduction complète du liquide. Ajouter la béchamelle, assaisonner puis passer au mélangeur («blender») ou au tamis. Réchauffer doucement mais sans bouillir puis ajouter le beurre. Servir aussitôt avec des croûtons frottés au beurre d'ail.

Poulet à l'Estragon (4-6 personnes)

1 petit bouquet d'estragon
3 c. à soupe de beurre
1 poulet de 2 kilos environ
Eau chaude (ou bouillon de poulet)
Sel et poivre au goût
2 carottes tranchées
1 pincée de thym
2 petits oignons en quartiers
1 clou de girofle
2 branches d'estragon (feuilles)
Farine grillée

Hacher l'estragon et le mêler au beurre puis badigeonner l'intérieur du poulet de ce mélange et le coudre. Placer le poulet dans la cocotte, le couvrir à moitié d'eau chaude ou de bouillon. Ajouter les autres ingrédients, sauf les deux derniers, et cuire jusqu'à ce que le poulet soit tendre. Retirer le poulet, le découper et disposer sur un plat de service qu'on garde à four chaud. Prendre 1 tasse du bouillon de cuisson et le réduire à feu vif jusqu'à ce qu'il ne reste plus qu'un résidu brun au fond de la poêle. À ce résidu, ajouter graduellement 1-2 autres tasses du premier bouillon puis épaissir le tout avec un peu de farine grillée. Rajouter des feuilles d'estragon à cette sauce dont on nappe le poulet. Garnir le plat d'estragon haché. Cette recette est un grand classique de la cuisine française.

Anguilles au vert (4 personnes)

1 kilo d'anguilles nettoyées et dépouillées
100 g de beurre
150 g d'épinards frais
1 grosse poignée de cresson ou d'oseille
1 petit bouquet de cerfeuil
1 petit bouquet de persil
2 branches de menthe
1 branche de thym
1 branche d'estragon
Quelques feuilles de sauge
1 tasse de vin blanc sec
Sel et poivre au goût
2 jaunes d'oeufs
1 citron (le jus d')

Faire revenir toutes les herbes (feuilles entières) dans le beurre et mijoter 2-3 minutes. Couper les anguilles en tronçons de 5 cm, les ajouter aux herbes et cuire 5 minutes en retournant souvent le tout. Ajouter ensuite le vin, le sel et le poivre, couvrir et mijoter 15 minutes. Battre les jaunes d'oeufs, leur incorporer 8 c. à soupe du liquide cuisson puis verser sur les anguilles sans cesser de remuer le tout. Ajouter enfin le jus de citron. Servir froid ou chaud. Un autre grand classique de la gastronomie française.

Sauce au Roquefort (pour salade ou comme trempette à croustilles)

10 g de Roquefort ou fromage bleu
1 tasse de crème sure
1 belle branche d'estragon (feuilles)
Sel et poivre au goût
Quelques gouttes de jus de citron

Ecraser le Roquefort à la fourchette puis incorporer petit à petit la crème sure. Ajouter les autres ingrédients et bien battre à la fourchette. Sauce excellente, de mon invention, surtout avec la romaine.

Beurre d'estragon (pour viandes et poissons grillés)

1/2 tasse de beurre
1 c. à soupe de jus de citron
2-3 c. à soupe de feuilles d'estragon hachées
Sel et poivre au goût

Défaire le beurre en crème puis, goutte à goutte, incorporer le jus de citron puis l'estragon. Assaisonner au goût. Ce beurre peut se conserver congelé.

Vinaigre à l'Estragon

1 grosse branche d'estragon
2 tasses de vinaigre de cidre ou de vin blanc

Laisser macérer l'estragon dans le vinaigre. Celui-ci s'emploie avec le jus de tomates ou de légumes, les oeufs brouillés, les poissons, les champignons et les salades.

Estragonette (Liqueur digestive)

1 belle branche d'estragon
1 litre d'alcool 94°
50 g de sucre
Eau

Laisser macérer l'estragon dans l'alcool pendant 2 semaines puis le retirer. Faire un sirop léger avec le sucre et l'eau et l'ajouter à l'alcool. Boire comme digestif après les repas.

Essence d'Estragon

Infuser de l'estragon frais dans du vin blanc puis passer et réduire.

Huile à l'Estragon

1 litre d'huile légère (arachides ou autre) ﹕)
1 gousse d'ail entière
1 clou de girofle
3 branches d'estragon

Laisser macérer le tout 2 mois avant de commencer à consommer.

Sauce Café de Paris (pour entrecôtes) (4 personnes)

200 g de beurre défait en crème
1 poignée de feuilles d'estragon frais haché
Thym, romarin, marjolaine, basilic, livèche
1/2 c. à thé d'Aromat (sel d'herbes)
Quelques gouttes de sauce Worcestershire
2 gousses d'ail broyées
1 bonne cuiller à soupe de moutarde forte (type Dijon)
3-4 c. à soupe de Pastis
Quelques gouttes de jus de citron
Crème 35%

Préparer une sauce avec tous ces ingrédients (sauf la crème) et laisser reposer avant d'utiliser. Quand les entrecôtes sont bien grillées, les garder au four chaud entre deux assiettes. Déglacer la poêle avec le beurre et y ajouter la crème 35% jusqu'à consistance voulue. Verser sur la viande et servir aussitôt. Recette originaire de Suisse.

LE FENOUIL

«Madame de Thianges, lorsqu'elle eut renoncé aux joies de ce monde, cache sa gorge et ne se met plus de rouge aux joues. L'autre jour, je me trouvai à côté d'elle à dîner. Un laquais lui présenta un verre de «fenouillette» et elle me dit: «Madame, ce garçon ne sait donc pas que je suis dévôte».

Madame de Sévigné

Le Fenouil

A. Foeniculum vulgare. Du latin populaire **feniculus,** «petit foin».

B. Originaire du bassin méditerranéen et connue depuis la plus haute Antiquité, le fenouil avait la réputation de protéger contre les morsures de serpent et de scorpion.

C. Ombellifère annuelle proche parente de l'aneth (qu'on lui préfère généralement au Québec), le fenouil a des feuilles très découpées et porte des ombelles de petites fleurs jaunes. La plante peut atteindre 2 mètres de hauteur. L'odeur de la plante est anisée, sucrée, parfumée et très agréable.

D. **Semis:** Semis intérieur en avril, mise en pleine terre à la mi-juin (c'est une plante très sensible au froid). Le fenouil dit«de Florence» est cultivé pour ses pétioles charnus et parfumés et se plante vers la mi-juin en pleine terre. C'est un légume de croissance rapide qui exige un sol meuble et bien fumé.

Sol: Riche, léger, frais et bien drainé.

Expo: Plein soleil.

Distance entre: Plants: 60 cm, **Fenouil de Florence:** 20 cm.

Soins: Sarclages au besoin, arrosages en cas de sécheresse.

Récolte et conservation: Récolter les feuilles de l'herbe au besoin, les semences, à maturité. Récolter le fenouil de Florence avant qu'il ne commence à fleurir car il a très vite tendance à se lignifier; utiliser comme le céleri. Les racines sont aussi comestibles.

E. **Usages divers:** En cuisine, les feuilles fraîches aromatisent les courts-bouillons de poissons, divers légumes (surtout concombres, tomates, pommes de terre, choux, navets) et les salades. Les semences s'emploient comme celles de l'anis ou du carvi. L'essence rendrait les animaux craintifs.

Médicinalement, à raison d'1 c. à thé de semences par tasse d'eau, le fenouil est un stimulant des voies digestives.

RECETTES

(On peut, dans toutes les recettes données pour l'aneth, remplacer ce dernier par le fenouil).

Fenouil gratiné

Oignons hachés
Thym
Huile d'olive
Tiges tendres de fenouil ou fenouil de Florence
Sauce béchamelle
Muscade
Gruyère râpé
Paprika

Faire blondir les oignons assaisonnés de thym dans l'huile d'olive puis placer par-dessus les tiges de fenouil pelées. Cuire à l'étouffée 30 minutes ou plus. Quand les tiges sont tendres, les placer au fond d'un plat pouvant aller au four, napper généreusement de béchamelle assaisonnée de sel, poivre, thum et muscade. Couvrir de gruyère râpé, saupoudrer de paprika et cuire à 175°C (350°F).

Fenouillette

Procéder comme pour l'Anisette en remplaçant l'anis par des graines de fenouil.

Poudre dentifrice I

1 once de graines de fenouil en poudre
1 once de charbon de peuplier broyé
1 once de quinquina gris broyé

Employer comme poudre dentifrice. Autre recette simple: couper une aubergine, la saupoudrer de gros sel et la faire carboniser au four puis en faire une poudre excellente pour blanchir les dents.

Masque au Fenouil

1/4 de tasse d'infusion concentrée de fenouil
1/4 de tasse de lait
1/4 de tasse de miel
1/2 once (15 g) de pectine

Préparer l'infusion de fenouil puis la laisser refroidir. La mêler ensuite au miel et au lait. Incorporer enfin, petit à petit, en battant bien le mélange, la pectine. Laisser reposer 8-12 heures avant d'employer.

L'HYSOPE

*«Aspergez-moi avec un rameau d'hysope
et je serai pur...»*

Psaume 50

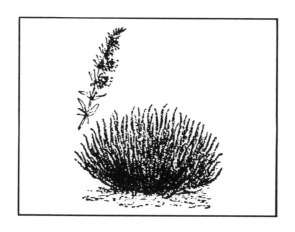

L'Hysope

A. Hyssopus officinalis. Le nom est d'origine hébraïque, **ezôb.**

B. Originaire de Sibérie et de l'Iran, l'hysope fut très employée dans l'Antiquité et au Moyen-Age pour parfumer soupes, farces et rôtis. La plante était aussi utilisée dans les rites religieux de nombreux peuples.

C. Labiée vivace, l'hysope forme un petit buisson à feuilles étroites vert-blanchâtre et épis de fleurs bleues (parfois roses ou blanches) et dont la taille peut atteindre 40-50 cm de hauteur. La plante se rencontre occasionnellement à l'état sauvage. L'odeur de la plante est forte, légèrement camphrée mais agréable. La saveur est brûlante et amère.

D. Semis: Semis en pleine terre en fin d'avril ou par division de touffes en automne.

Sol: Calcaire, léger, riche en humus, bien drainé.

Expo: Plein soleil.

Distance entre: Plants: 30 cm.

Soins: Sarclages au besoin. Tailler les plants en automne et les protéger d'un paillis épais. Diviser les plants à tous les 3-4 ans.

Rècolte et conservation: Rècolter les feuilles au besoin, la plante au début de la floraison. L'hysope se conserve bien séchée.

E. Usages divers: En cuisine, la plante n'est plus guère utilisée, toujours avec discrétion, qu'avec les viandes grasses (porc), les poissons gras (carpe) ou dans les salades. Elle entre dans la confection de liqueurs comme le Pastis et la Grande Chartreuse. Très mellifère, l'hysope trouve aussi sa place dans une rocaille ou au jardin de fleurs.

Médicinalement, l'hysope a des vertus toniques, stomachiques et béchiques. Toutefois, c'est, à trop fortes doses une plante qui peut provoquer l'épilepsie. En infusion, on l'emploie à raison de 10-20 g de feuilles et fleurs dans 1 litre d'eau.

RECETTE

Filets de porc farcis à l'Allemande (4 personnes)

2 filets de porc coupés en deux, de biais
Sel et poivre au goût
500 g d'oignons hachés
500 g de chanterelles
Huile
Hysope
Feuilles de laurier
1 tasse de vin blanc
1 tasse d'eau chaude
Farine grillée
Un peu de crème épaisse

Couper les filets en deux, de biais, puis sur le sens de la longueur de manière à pouvoir les farcir. Faire revenir 100 g d'oignon et 100 g de chanterelles hachés dans un peu d'huile et assaisonner. Saler et poivrer l'intérieur des filets, les farcir en ajoutant un peu d'hysope hachée. Ficeler les filets avec chacun une feuille de laurier et 1 petite branche d'hysope. Les saisir et rôtir de tous les côtés dans un peu d'huile, ajouter le reste de légumes, le vin blanc et l'eau chaude. Laisser mijoter 35 minutes puis retirer les filets et lier la sauce avec un peu de farine grillée et de la crème épaisse.

LA LAVANDE

*«Chez eux, ça sent le thym, le propre,
la lavande et le verbe d'antan...»*

Les Vieux, *Jacques Brel*

127

La lavande

A. **Lavendula officinalis.** Le nom provient de l'italien **lavanda**, «qui sert à laver».

B. Plante associée aux serpents chez les Grecs et les Romains, au Moyen-Age elle symbolisait la pureté et la vertu et était consacrée à la Vierge Marie. Aux feux de la Saint-Jean, on la brûlait pour chasser les mauvais esprits.

C. Labiée vivace, la lavande forme de petites touffes à feuilles étroites vert-gris et petits épis de fleurs... lavande. Il en existe plusieurs variétés de manière qu'il est difficile de savoir si l'on a affaire à la vraie lavande. C'est une excellente plante de rocaille. Toute la plante, mais les fleurs surtout, dégage un parfum suave, fort, entêtant et légèrement camphré.

D. **Semis:** En automne ou en avril, en pleine terre. La plante peut aussi se multiplier par prélèvement de boutures au printemps ou division de touffes à la fin de l'été. La germination des graines peut être très longue et ne réussit bien qu'en sol froid; de plus, les semences doivent être à peine couvertes de terre. Les plantules n'atteignent que 5-8 cm la première année et devront absolument être protégées contre le froid hivernal.

Sol: Profond, riche, calcaire, bien drainé.

Expo: Plein soleil.

Distance entre: Plants: 30 cm.

Soins: Sarclages réguliers. Tailler la plante en automne et la protéger du froid. Diviser la plante à tous les 3-4 ans.

Récolte et conservation: Récolter les tiges florales au début de la floraison.

En culture intérieure: la plante exige beaucoup d'humidité, de soleil et doit être replantée chaque année dans une terre nouvelle.

E. **Usages divers:** Médicinalement, à raison d'1 c. à thé de fleurs par tasse d'eau ou 2 à 5 gouttes d'essence sur un cube de sucre, la lavande est antispasmodique, sédative et tonique du coeur et du système nerveux. Toutefois, à trop fortes doses, elle peut se montrer très irritante.

Cultivée surtout pour le parfum de ses fleurs, la lavande a peu d'utilités en cuisine. Des fleurs on peut faire des sachets qui parfument les armoires à linge et les tiroirs dont ils éloignent les mites. l'huile essentielle entre dans nombre de produits de beauté: savons, sels de bains etc... Malheureusement la lavande est, au Québec, à cause du climat, moins riche en essence que celle provenant de Provence (son lieu de prédilection) ou de la région de Mitcham, en Angleterre, elle aussi très réputée; la même chose vaut pour le thym et le romarin.

RECETTES

Sucre de lavande

Dans quelques tasses de sucre, dans un bocal fermé, disposer quelques tiges de fleurs de lavande. Ce sucre peut servir dans divers desserts (biscuits, muffins, gâteaux, etc.). On procède de la même manière avec les gousses de vanille.

Infusion somnifère

1 tête de laitue
2 c. à thé de valériane concassée
2 c. à soupe de fleurs de lavande
Miel au goût
Jus de citron

Dans 1 litre d'eau, faire bouillir la laitue et la valériane pendant 15 minutes. Retirer du feu et faire infuser la lavande 10 minutes. Passer, sucrer au goût avec du miel et ajouter du jus de citron.

Formule pour bains calmants

Faire infuser dans 2 litres d'eau 25 g de chacune des herbes suivantes: basilic, camomille, lavande, marjolaine, sauge et verveine. Ajouter à l'eau du bain avec 1 petite boîte de bicarbonate de soude.

Eau de Lavande

60 g de fleurs fraîches de lavande
1 litre d'alcool 40°

Faire macérer pendant 1 mois puis filtrer. Employer comme eau de toilette, en diluant l'alcool au besoin.

Eau de Lavande II

2 tasses d'alcool 40° dilué d'un peu d'eau
7 gouttes d'essence de lavande
1 goutte d'essence de clou de girofle

Laisser reposer 2 mois avant d'utiliser comme parfum.

Sels de bain

140 g de bicarbonate de soude
*85 g de poudre d'iris de Florence (*en anglais «orris root»)
Quelques gouttes d'huile de lavande (ou de romarin)

Bien mêler les ingrédients et les passer, si possible, au mortier et au pilon. Garder dans un contenant hermétiquement fermé. Ces sels peuvent se conserver 3 mois environ.

Pot-pourri à l'Anglaise (sachets parfumés)

4 tasses de pétales ou boutons de rose séchés
225 g de sel
Fines herbes séchées: hysope, lavande, menthe, romarin, sauge, thym
Epices concassées: badiane, cannelle, clous de girofle, muscade, toute-épice
50 g d'un fixatif de parfums comme de la racine moulue d'iris de Florence (en anglais «orris root») *ou d'Acorus calamus ou de la teinture de benjoin.*
Gouttes d'huiles essentielles des herbes et épices ci-haut mentionnées (facultatif)
Un peu de brandy ou cognac pour amalgamer les parfums et leur donner plus de résonnance

Cueillir les pétales ou boutons de rose très tôt le matin, de manière à ce qu'ils soient encore humides de rosée. Les disposer sur une surface sèche et les laisser sécher dans un endroit abrité du soleil direct et très bien ventilé. Les pétales doivent rester rouges. Placer ensuite ceux-ci dans un grand pot avec le sel qui finira d'absorber leur humidité. Remuer fréquemment jusqu'à ce que les pétales soient bien secs (2-3 semaines). Retirer les pétales du sel et les mêler avec les herbes, les épices, le fixatif choisi et les huiles essentielles voulues. Ajouter le brandy et mélanger de nouveau. Garder dans un pot 2 semaines et remuer fréquemment le mélange. Au bout de ce temps, disposer le mélange dans un bol plat ou vase ouvert ou mettre en sachets pour parfumer armoires et tiroirs.

LA LIVÈCHE

*«Cette plante est probablement le «Per-
sil» mentionné dans les récits des dé-
couvreurs du Canada (Cartier, etc.).
La saveur des feuilles rappelle assez
en effet celle du Persil cultivé.»*

Marie-Victorin

La Livèche

A. Levisticum officinale et **scothicum.** Le nom viendrait, soit du latin **levare,**«soulager», soit du nom de Ligurie, région de l'Italie où la plante abonde.

B. Dèjà connue des Étrusques, la livèche est originaire du bassin méditerranéen et fut cultivée dès le Moyen-Age comme plante médicinale. C'est une plante qui mériterait d'être davantage connue.

C. Ombellifère de culture facile, la livèche est une vivace rustique à petites fleurs jaunes qui peut atteindre 1 mètre pour la variété cultivée, 60 cm pour la variété sauvage du Québec (**scothicum**). Celle-ci abonde sur les rivages maritimes de la Gaspésie et est dotée des mêmes propriétés que l'autre. Les feuilles froissées dégagent une odeur forte de céleri, un peu amère mais très agréable.

D. Semis: Très tôt le printemps ou en automne. Néanmoins, il est plus profitable de se procurer des plants au début.

Sol: Riche, bien fumé, humide mais bien drainé.

Expo: Plein soleil.

Distance entre: Touffes: 60 cm (une ou deux touffes suffisent généralement).

Soins: Sarclages au début. La plante prend vite possession de son espace. Fumer chaque automne.

Récolte et conservation: Récolter les feuilles et les tiges au besoin. Les feuilles se sèchent bien. On peut aussi, après blanchiment de quelques secondes en eau bouillante, en faire de petits sachets à congeler dont on se servira pour aromatiser divers plats.

E. Usages divers: En cuisine, toutes les parties de cette plante à saveur prononcée de céleri peuvent être employées mais doivent l'être avec discrétion. Alors que les feuilles et les tiges servent à aromatiser les potages, les salades, divers plats de viande (fricassée de poulet, d'agneau, de boeuf) et poisson, les racines se mangent crues ou cuites en salade. Les tiges creuses peuvent aussi servir de pailles pour boire du jus de tomates ou de légumes. Enfin, les semences ou les racines séchées et moulues peuvent servir de condiment.

Médicinalement, la livèche est surtout employée comme diurétique et anti-rhumatismale.

RECETTES

Soupe allemande aux Herbes

Pâte à lasagne fraîche (voir plus loin)

Farce:
100 g de lard (bacon fumé)
1 oignon
1 gousse d'ail
1 poireau
4 tranches de pain mouillées
Persil
300 g d'épinards frais et cuits
3 oeufs
300 g de jambon
Noix de muscade, basilic
Sel et poivre au goût
Bouillon de poule ou poulet assaisonnée de livèche, marjolaine et autres herbes au goût (persil, cerfeuil...)

Préparer d'abord la pâte à lasagne et la garder au froid. Préparer ensuite la farce en faisant revenir l'oignon, l'ail et le poireau grossièrement tranchés dans le lard. Puis, les passer au mélangeur avec le pain mouillé, le persil, les épinards cuits et le jambon. Ajouter ensuite les oeufs crus et bien mélanger en aromatisant de noix de muscade et de basilic au goût. Préparer la lasagne comme indiqué dans la recette de pâte, placer de la farce au centre de chaque lasagne puis replier et fermer la pâte des deux côtés. Passer un couteau dans la farine et couper la pâte en biseau, en morceaux d'une bouchée. Laisser sécher un peu les morceaux puis les déposer délicatement avec une écumoire dans du bouillon de poulet qui mijote déjà. Cuire le temps requis et servir avec un pain à la ciboulette ou à l'ail. Soupe de préparation longue mais délicieuse.

Pâte à lasagne

4 tasses de farine
4 oeufs
1 c. à soupe d'huile d'olive

Gouttes d'eau
Sel, si désiré

Mettre la farine dans un grand bol et faire un trou au milieu. Casser les oeufs et les mettre dans la farine, ajouter l'huile d'olive. Bien mêler à la fourchette et, si la pâte est trop sèche, ajouter de l'eau, goutte à goutte. Quand la pâte forme une boule, la laisser reposer 15 minutes puis la pétrir avec les mains jusqu'à ce qu'elle soit lisse et brillante. Envelopper la pâte dans du papier ciré ou de cellophane et la garder au froid 1 heure. Couper ensuite la pâte en 4 morceaux et la passer dans la «machine à pâte» autant de fois que nécessaire. Si l'on n'a pas de machine, commander les lasagnes chez un marchand de pâtes fraîches.

Potage à la Livèche

Procéder comme pour le **Potage à l'Estragon** en remplaçant ce dernier par des feuilles de livèche.

Poulet farci à la Livèche

Abats et foies de poulet
1 petit oignon
1 feuille de laurier
100 g de mie de pain
Lait
1 bon morceau de beurre
100 g de champignons
1 petit oignon
2 c. à soupe ou plus de feuilles de livèche
1 pincée de thym
1 jaune d'oeuf
1 poulet d'1,5 à 2 kilos
Paprika
2 c. à soupe d'huile d'olive
2 c. à soupe de beurre

Cuire d'abord les abats et les foies, 1 heure ou plus, dans juste assez d'eau pour les recouvrir avec 1 petit oignon coupé en quartiers, 1 feuille de laurier, du sel et du poivre au goût; quand ils sont cuits, les égoutter, laisser refroidir puis hacher finement (la chair du cou est particulièrement délicieuse mais il n'y faut laisser aucun débris d'os). Faire ensuite la farce avec la mie de pain mouillée de lait, un bon morceau de beurre fondu, les champignons tranchés, l'oignon émincé, le thym, la livèche hachée, du sel et du poivre au goût. Lier la farce avec le jaune d'oeuf battu. Farcir l'intérieur du poulet de ce mélange puis le coudre. Saupoudrer le poulet de sel, poivre et paprika au goût puis dans une cocotte pouvant aller au four le saisir dans l'huile d'olive et le beurre jusqu'à ce qu'il soit bien grillé de tous les côtés. Cuire ensuite au four à l'étouffée, à 175°C (350°F), jusqu'à ce que le poulet soit tendre, en l'arrosant à plusieurs reprises avec son jus. Découvrir la cocotte durant les 20 dernières minutes de cuisson de manière à ce que la peau du poulet soit croustillante. Servir avec purée de pommes de terre au cerfeuil et un légume vert tendre (asperges ou petits pois).

Pâté de poulet à la Québécoise

Pâte à tarte
1 poulet de 1,5 à 2 kilos
2 petits oignons coupés en quartiers
1 feuille de laurier
Sel et poivre au goût
2 tasses de béchamelle
Bouillon de poulet
Livèche (ou graines de céleri), *marjolaine, thym*
Petits pois verts en boîte, pommes de terre et carottes coupées en dés
Sel et poivre au goût

Couvrir d'eau et cuire le poulet entier ou coupé en morceaux avec les oignons, le laurier, du sel et du poivre jusqu'à ce qu'il soit tendre. Retirer alors le poulet du bouillon (en réservant celui-ci), le laisser refroidir et le désosser. On peut cuire les abats avec le poulet et les ajouter hachées à la sauce. Préparer une béchamelle assez épaisse, l'allonger avec du bouillon. Abaisser la moitié de la pâte, en couvrir un grand plat de verre pyrex, y placer la viande désossée, les légumes crus puis la sauce assaisonnée de livèche, de marjolaine, d'une pointe de thym, de sel et poivre. Poser la deuxième abaisse et y pratiquer quelques entailles. Badigeonner de jaune d'oeuf battu et cuire 1 heure ou plus, à 175° C (350° F), jusqu'à ce que la pâte soit dorée.

Poule Parfumée

1 poule de 2 kilos ou plus
2 oignons coupés en quartiers
1 feuille de laurier
1 poignée de feuilles de livèche fraîche
Sel et poivre au goût
3 petits choux émincés
20 petites carottes émincées
1 petit navet émincé
Quelques cuillers à soupe de farine grillée
2 c. à soupe de livèche finement hachée
Pois verts en boîte

Couvrir la poule d'eau et la cuire 2 1/2 - 3 heures ou plus avec les oignons, le laurier et la livèche et du sel et poivre au goût. La laisser refroidir et la désosser. Retirer l'oignon et le laurier du bouillon et dégraisser celui-ci avec des morceaux de papier-éponge. Jeter les légumes dans le bouillon et les cuire jusqu'à ce qu'ils soient tendres. Épaissir avec de la farine grillée puis, quelques minutes avant de servir, ajouter la livèche hachée et les pois. Ramener juste au point d'ébullition et servir sur la viande (qu'on aura gardée au four entre deux assiettes) disposée sur des tranches épaisses de pain grillées au four. Recette campagnarde héritée de ma grand-mère.

Sauce Vinaigrette

Proportions souples:
1/2 c. à thé de sel
1 c. à soupe de moutarde de Dijon
1/2 citron légèrement pressé
1/2 c. à thé de sucre
1-2 c. à soupe de lait
3-4 c. à soupe d'huile d'olive
2-3 gousses d'ail broyées
3-4 échalotes françaises émincées
Herbes au goût: estragon, aneth, livèche, ciboulette, cerfeuil, persil
(dans la sauce ou sur la salade)

Mêler dans un grand bol à salade le sel, la moutarde, le jus de citron et le sucre. Ajouter un peu de lait et bien battre. Incorporer ensuite, en battant toujours, l'huile d'olive, par petites quantités. Ajouter ensuite l'ail, les échalotes et les fines herbes. Ne retourner la salade qu'au moment de servir. (Recette communiquée par Dagmar Teufel-Gueissaz, comme la plupart des recettes allemandes présentées dans ce livre.)

LA MARJOLAINE

*«... un prince de Chypre, Amaracus
excellait dans l'art de fabriquer
des parfums. En ayant réussi un qui
dépassait tous les autres, il tomba
frappé d'une ivresse mortelle. Les
dieux métamorphosent Amaracus en
une plante au parfum suave et ainsi
naquit, dit-on, la marjolaine.»*

Y. Trouard-Riolle

La Marjolaine

A. **Majorana hortensis** (ou **Origanum majorana**). Le nom provient du latin médiéval **maiorana,** d'origine incertaine, «peut-être dérivé, comme l'écrit Louis Lagriffe, du vieux français «mariol», sorte de figurine religieuse ou de marionnette, par allusion à des petites fleurs qui font penser à de petites poupées».

B. Originaire du bassin méditerranéen et du Moyen-Orient, les Grecs et les Romains faisaient de la marjolaine des guirlandes pour les amoureux. Dans certains rites funéraires, une bonne croissance de la plante indiquait que l'âme du mort était en paix. On en faisait, à la Renaissance, des sachets parfumés et, associée aux abricots, une confiture.

C. Labiée vivace mais cultivée comme annuelle au Québec car la plante est très sensible au froid, la marjolaine forme de petites touffes à fleurs blanches ou rosées et peut atteindre 25-30 cm de hauteur. C'est la forme cultivée de l'origan. L'odeur et la saveur rappellent en même temps celles de la menthe et du basilic et, à un degré moindre, celle du camphre.

D. **Semis:** Semis intérieur fin-mars, mise en pleine terre fin-mai ou juin. Les semences prennent 10 à 12 jours à lever.

Sol: Riche, calcaire, humide mais bien drainé.

Expo: Plein soleil.

Distance entre: Plants: 15-20 cm (quelques plants suffisent généralement).

Soins: Sarclages au début, arrosages en cas de sécheresse.

Récolte et conservation: Récolter les feuilles et les fleurs au début de la floraison. La plante se conserve très bien séchée.

La **culture intérieure** en est facile pourvu qu'on lui fournisse assez de soleil, de chaleur, d'humidité et un sol calcaire.

E. **Usages divers:** En cuisine, c'est une herbe très versatile à employer, toujours avec discrétion, dans les soupes, avec les légumes (tomates, pois, fèves, haricots, choux et navets surtout), le riz, les oeufs, les viandes, les plats mijotés, les salades, diverses sauces, farces et marinades. Loin de les annuler, elle accentue les parfums du basilic, de la ciboulette, du persil et du thym. On peut interchanger la marjolaine et l'origan dans n'importe quelle recette. L'essence entre dans la fabrication de divers savons et parfums et est efficace contre les maux de dents.

Médicinalement, à raison d'1 c. à thé par tasse d'eau, 3-4 fois par jour, la marjolaine est un excellent, pour ne pas dire extraordinaire antispasmodique à employer contre tous les types de troubles nerveux (anxiété, migraine, insomnie, etc.); c'est aussi un bon cholagogue, expectorant et stomachique.

RECETTES

(Voir aussi les recettes données pour l'Origan).

Aubergines aux Herbes (4 personnes)

4 aubergines moyennes
1 c. à thé de basilic haché
1 c. à thé de marjolaine hachée
3 tranches de bacon hachées
2 gousses d'ail hachées
Sel et poivre au goût
4 c. à soupe d'huile d'olive

Faire 4 entailles longitudinales assez profondes dans chaque aubergine. Mêler l'ail, les herbes, le bacon et du sel et poivre au goût; farcir les entailles de ce mélange. Placer les aubergines dans un plat pouvant aller au four avec un peu d'eau dans le fond. Verser l'huile sur les aubergines et les cuire à l'étouffée à 180°C (350°F environ), pendant 45 minutes.

Pissaladière (Pizza aux oignons)

Pâte à pizza:
1 1/2 tasse d'eau tiède
1 c. à soupe de levure sèche
1 c. à thé de sucre
1 c. à thé de sel
3 tasses de farine
2 c. à soupe d'huile d'olive

Mêler l'eau et la levure et laisser reposer 5 minutes. Ajouter les autres ingrédients et bien mêler. Pétrir la pâte 5 minutes environ puis la mettre dans un bol huilé, la couvrir et laisser lever 40 minutes dans un endroit chaud. Presser ensuite cette pâte au fond d'un grand moule huilé.

Garniture:
3-4 c. à soupe d'huile d'olive
Quelques gros oignons espagnols
3 gousses d'ail
1 clou de girofle
1 feuille de laurier
Marjolaine broyée
Olives noires (type grec)
Filets d'anchois tranchés sur la longueur
Poivre au goût

Faire blondir dans l'huile les oignons finement tranchés avec l'ail broyé, le clou de girofle et le laurier. Couvrir la pâte de ce mélange, parsemer de marjolaine puis disposer dessus les olives noires entières ou tranchées et les filets d'anchois. Assaisonner au goût (gare aux anchois qui sont déjà salés!!!) puis cuire 15 minutes, à four vif, soit 230°C (450°F) et servir avec un bon vin blanc frappé ou de la bière.

Goulash

2 c. à soupe d'huile de cuisson
2 c. à soupe de beurre
2 kilos de boeuf en cubes
2 carottes
4 oignons
2 c. à soupe de paprika doux
2 c. à soupe de farine grillée
2 tasses de bouillon de boeuf chaud
1 tasse de vin rouge
1 Bouquet garni (thym, laurier, persil)
1 c. à thé de marjolaine
1 tasse de sauce tomate simple (coulis)
Sel et poivre au goût
2 gousses d'ail
2 c. à thé de persil haché
1 pincée de poivre de Cayenne (facultatif)

Saisir et rôtir la viande dans l'huile et le beurre puis ajouter les carottes tranchées, les oignons grossièrement hachés et le paprika. Mijoter quelques minutes en touillant bien le tout puis saupoudrer avec la farine grillée et mouiller avec le bouillon et le vin. Ajouter le bouquet garni, la marjolaine, la sauce tomate, du sel et du poivre au goût. Mijoter 1 heure puis ajouter l'ail émincé et le persil et cuire jusqu'à ce que la viande soit bien tendre. Pour une goulash plus piquante, ajouter du poivre de Cayenne au goût. Servir avec des pâtes fraîches ou du riz et un légume vert.

Formule pour bains fortifiants

Faire infuser (l'eau doit frémir mais non bouillir) dans 2 litres d'eau 25 g de chacune des herbes suivantes: origan ou marjolaine, menthe, romarin, sauge et thym. Ajouter à l'eau du bain en filtrant le liquide dans une passoire fine. Ajouter aussi une petite boîte de bicarbonate de soude à l'eau du bain.

LE MARRUBE

«Marrube... vient en tous lieux, mais gayement sans cultures és mazures des vieux bâtiments.»

Olivier de Serres

Le Marrube

A. **Marrubium vulgare.** Le nom provient de l'hébreu **marôb,** mot signifiant «jus amer».

B. Déjà cité dans la Bible, le marrube était employé par les Égyptiens pour soigner la toux. C'est surtout pour fins médicinales qu'on le cultive encore aujourd'hui.

C. De la famille des Labiées, le marrube est une plante vivace qui forme des touffes blanchâtres à fleurs blanc-jaunâtre. Elle peut atteindre 45-60 cm de hauteur.

D. **Semis:** En pleine terre, fin-avril, ou par achats de plants.

Sol: Sablonneux, léger, bien fumé.

Expo: Plein soleil.

Distance entre: Plants: 30 cm.

Soins: Sarclages au début. Diviser les touffes à tous les 3-4 ans.

Récolte et conservation: Cueillir les feuilles et les fleurs au début de la floraison.

E. **Usages divers:** En cuisine, on peut l'employer, avec très grande discrétion, pour aromatiser une salade.

Médicinalement, le marrube est tonique-amer, cholagogue, stomachique, fébrifuge et surtout expectorant. L'infusion se fait à raison de 15-30 g de plante séchée par litre d'eau; on en boit 2-3 tasses par jour et elle doit, à cause de son amertume, être sucrée au miel.

RECETTES

Formule contre la cellulite

Placer 60 g de plante sèche dans 1 litre de vin blanc. Laisser macérer 15 jours puis filtrer. Boire 1/2 verre avant chaque repas. Une autre plante très réputée contre la cellulite est la Reine-des-Prés (Spiraea ulmaria) non indigène au Québec.

Formule(s) pour éclaircir la voix

Infusion de marrube et/ou de marjolaine sucrée au miel. Ou: bouillon d'ail, de chou, d'oignon ou de poireau.

LA MÉLISSE

*«Il n'y avait guère de pharmacie fami-
liale, autrefois, qui n'eut, pour parer
aux troubles les plus divers que pou-
vaient susciter, parmi les membres du
logis, l'annonce d'une joie ou d'une
peine inaccoutumées, un repas de noces
trop copieux, une bataille de galopins
dans la rue, que sais-je encore, un
flacon d'Eau de Mélisse des Carmes».*

Pierre Lieutaghi, 1966

La Mélisse

A. Melissa officinalis. Le nom provient du grec **melissa**, «abeille», et fait allusion à l'amour des abeilles pour cette plante. On donne aussi le nom de **citronnelle** ou **baume-mélisse** à cette plante.

B. Déjà connue des Arabes, la mélisse a de tout temps été utilisée comme plante médicinale et pour attirer les abeilles au jardin ou au verger.

C. De la famille des Labiées, la mélisse est une belle vivace à feuilles ovales d'un beau vert foncé et à fleurs blanches ou rosées. Elle peut atteindre 50-60 cm de hauteur. Les feuilles froissées dégagent une odeur sucrée et citronnée, très rafraîchissante et agréable.

D. Semis: Semis intérieur en mars-avril, mise en pleine terre fin-mai. La germination peut prendre jusqu'à 30 jours. La plante se multiplie aussi par éclats de souches.

Sol: Sablonneux, léger, riche en azote et phosphate.

Expo: Soleil ou semi-ombre.

Distance entre: Plants: 40 cm (une douzaine de plants suffisent).

Soins: Sarclages au début. Protéger les plants en hiver après les avoir rasés.

Récolte et conservation: Cueillir la plante au début de la floraison. Elle doit être séchée rapidement, en petits bouquets, pour éviter le noircissement des feuilles.

E. Usages divers: En cuisine, on peut se servir des feuilles pour aromatiser certaines soupes, salades, l'agneau et le boeuf. On s'en sert, en Hollande, pour aromatiser les marinades de harengs et d'anguilles. Comme la lavande, la mélisse sert à parfumer les armoires et tiroirs à linge dont elle éloigne les mites.

Médicinalement, la mélisse est antispasmodique et stomachique. Comme le romarin, elle stimulerait la mémoire. L'infusion se fait à raison d'1 c. à thé par tasse d'eau. N'employer l'essence que comme insecticide contre les maringouins et les mouches noires.

RECETTES

Thé glacé à la Mélisse

Faire une infusion concentrée de mélisse et de menthe, la sucrer puis la verser sur des cubes de glace. Bien agiter le tout et servir très froid avec, si désiré, une partie égale de jus d'orange.

Eau de Mélisse (alcool médicinal domestique)

100 g de feuilles de mélisse semi-séchées
25 g d'écorce de citron
25 g de noix de muscade râpée
25 g de graines de coriandre pilées
10 g de clous de girofle
10 g de cannelle concassée
2 litres de cognac ou alcool 94°

Macérer le tout pendant 8 jours puis filtrer et conserver dans une bouteille hermétiquement fermée. Employer à raison d'1 c. à soupe dans 1 verre d'eau tiède ou 6-8 gouttes sur un morceau de sucre. Eau médicinale excellente contre tous les troubles d'origine nerveuse et digestive. L'Eau de Mélisse des Carmes (marque Boyer) est évidemment un produit plus raffiné, puisque obtenu par distillation.

Formule pour bains calmants

Faire infuser dans 2 litres d'eau bouillante 25 g de chacune des herbes suivantes: cataire, lavande, mélisse, menthe et thym. Ajouter à l'eau du bain en filtrant dans une passoire. Ajouter aussi une petite boîte de bicarbonate de soude à l'eau du bain.

Onguent insecticide (contre maringouins et mouches noires)

200 g de vaseline
25 g d'essence de mélisse (appelée aussi citronnelle; se méfier de l'imitation d'essence vraie)

Faire fondre doucement la vaseline au bain-marie (ne pas oublier que c'est un produit inflammable) puis retirer du feu et incorporer l'essence de mélisse. Appliquer sur la peau exposée en évitant les muqueuses des yeux et de la bouche. (Voir aussi **Menthe Pouliot**)

LES MENTHES

*«L'estomac trouve en elle un secours
étonnant lorsqu'il veut réveiller son
appétit dormant...»*

Ecole de Salerne

Les menthes

A. Mentha 1. **spicata** ou **viridis** (en épis ou verte), 2. **piperata** (poivrée), 3. **pulegium** (Pouliot), 4. **canadensis** (du Canada, ou baume). Le nom provient de la mythologie grecque: surprise par Proserpine avec Pluton, la nymphe **Minthè** fut métamorphosée en plante qui porte désormais son nom.

B. Déjà connue des Hébreux, la plante servait chez les Grecs à tresser des couronnes pour les jeunes mariés. «Delatte (1938) rapporte cette pratique magique: on se rendait trois jours de suite, avant le lever du soleil, auprès d'un pied d'Origan ou de Menthe et l'on y disposait des offrandes (pain, sel, poivre, vin) en saluant la plante et en lui annonçant que la fièvre lui serait transmise. La Menthe se désséchait et le malade guérissait.» (Pierre Lieutaghi)

C. De la famille des Labiées, toutes les menthes sont vivaces et portent des fleurs mauves en boules ou en épis. Toutes peuvent se cultiver quoiqu'on rencontre souvent à l'état sauvage: la menthe verte (ou en épis), la menthe poivrée (plus rare) et la menthe du Canada (indigène). Au Québec, la menthe Pouliot, au parfum de citron, doit être cultivée; c'est une espèce rampante. La menthe citronnée est aussi cultivable.

D. Semis: Semis en plein terre en avril (sauf la menthe poivrée qui, à l'instar de l'estragon vrai, est toujours stérile et dont on doit acheter des plants) ou mieux, par transplantation de plants sauvages. Les menthes se multiplient toutes rapidement.

Sol: Riche en azote, humide mais bien drainé. Les menthes sont sensibles à la rouille, on ne doit donc jamais les manipuler par temps humide.

Expo: Ombre partielle (planter à l'ombre d'une plante vivace formant un écran protecteur).

Distance entre: Rangs: 50 cm, **Plants:** 30 cm.

Soins: Sarclages au début, fumage automnal. La plante étant parfois parasitée par les pucerons, la tailler ou traiter avec de l'infusion d'ail concentrée. C'est une des rares fines herbes à être attaquée par les insectes.

Récolte et conservation: Cueillir la plante au début de la floraison. Séchées en petits bouquets, toutes les menthes se conservent bien. La menthe au Canada, une espèce indigène, et ma préférée à cause de la délicatesse de son parfum, peut garder celui-ci des années durant, même exposée à l'air.

La **culture intérieure** est de peu de profit.

E. **Usages divers:** En cuisine, quelques feuilles de menthe fraîche aromatisent bien les soupes aux tomates et aux pois, les petits pois verts et les pommes de terre, l'agneau, les poissons, les salades et diverses sauces. La menthe est aussi largement utilisée en confiserie et liquoristerie (pastilles, bonbons, Bénédictine, Crème de Menthe...).

Médicinalement, toutes les menthes sont toniques, stomachiques, cholagogues, antispasmodiques mais excitantes puis très irritantes à fortes doses. C'est en particulier le cas de la menthe poivrée dont l'essence très riche en menthol (jusqu'à 92%) est à proscrire aux enfants et aux gens nerveux. On lui préférera les autres espèces, même en cuisine. L'infusion se fait à raison de 15-25 g de plante séchée par litre d'eau (2-3 tasses par jour). L'essence de menthe verte (éviter les autres) s'emploie à raison de 2 à 5 gouttes sur un morceau de sucre. Bien qu'antispasmodique, la plante entrave souvent le sommeil et on lui préférera à cette fin le tilleul, la lavande ou la marjolaine. Le menthol entre dans la préparation de nombreux produits pharmaceutiques: dentifrices, gargarismes, etc. L'huile essentielle de menthe Pouliot est efficace pour tenir à distance mouches noires et maringouins, (c'est aussi un produit abortif puissant).

RECETTES

Fattouch (Salade libanaise) (6 personnes)

1 gros bouquet de persil frais haché
1 bouquet de menthe fraîche haché
1 concombre pelé et coupé en cubes
2 tomates coupées en cubes
1 oignon blanc coupé en cubes

Mêler tous ces ingrédients et assaisonner avec:

1 citron (le jus d')
2 gousses d'ail broyées
Quelques cuillers à soupe d'huile d'olive
30 g de sumak (épice vendue dans les épiceries libanaises) *qu'on saupoudre sur la salade*

Kebbeh (plat libanais) (8 personnes)

Pâte:
1 kilo d'agneau maigre haché
600 g de blé concassé
1 botte de menthe fraîche hachée
1 oignon blanc haché
Basilic, marjolaine, cannelle, cumin (au goût)

Farce: Dorer séparément:
500 g d'agneau haché
1 kilo d'oignons blancs hachés
200 g de pignons (noix de pin)

Mélanger et assaisonner de sel, poivre et cannelle au goût. Préparer la pâte et en presser la moitié au fond d'un grand plat pyrex huilé. Presser ensuite la farce puis le reste de la pâte. Couper en nombre de morceaux désirés et cuire 25 minutes à 175°C (350°F). Excellent avec du pain libanais et des concombres tranchés très minces additionnés de yogourt et assaisonnés d'estragon, sel et poivre au goût.

Thé à la Menthe

2 tasses d'eau bouillante
3 c. à thé d'un mélange de thé vert et de menthe séchée

Ébouillanter d'abord la théière puis verser l'eau bouillante sur le mélange. Ajouter 2 c. à soupe de sucre en poudre ou plus (ce thé se boit très sucré). Laisser infuser 3-4 minutes, filtrer et servir brûlant dans de petites tasses préalablement ébouillantées.

Sauce à la Menthe (Mint sauce anglaise)

1 c. à thé de feuilles de menthe fraîches émincées
1/2 tasse de vinaigre de vin blanc
2 c. à thé de sucre

Mêler et laisser reposer 4-5 heures avant d'utiliser. Cette sauce, un classique de la cuisine anglaise, s'emploie avec l'agneau froid ou chaud. Certains auteurs la considèrent comme une aberration culinaire.

Vinaigre de Menthe

1 beau bouquet de menthe fraîche
Vinaigre de vin blanc
Un peu de sucre (au goût)

Laisser macérer 2-3 semaines avant d'utiliser. À employer dans les salades ou avec l'agneau.

Gelée à la Menthe

1/4 de tasse d'eau bouillante
1 c. à soupe de gélatine sèche
1 tasse de vinaigre
1 petit bouquet de menthe émincé
Sucre au goût
2-3 gouttes de colorant végétal vert (facultatif)

Dissoudre complètement la gélatine dans l'eau bouillante puis ajouter le vinaigre, du sucre au goût (un peu) et les feuilles de menthe. Ajouter du colorant si désiré. Sceller puis renverser les pots à quelques reprises pour empêcher la menthe de se déposer au fond. Conserver au froid.

Gelée de Menthe II (ou autre herbe au goût)

Pommes très dures (semi-mûres ou sauvages)
Sucre
1 beau bouquet de menthe fraîche

Couper les pommes entières en quatre et les mettre dans un grand chaudron en comptant 1 tasse d'eau par 3 tasses de pommes coupées. Couvrir et mijoter 30 minutes, en brassant plusieurs fois, puis mettre le tout dans un sac à gelée et laisser égoutter toute la nuit, sans presser à aucun moment, ceci afin d'obtenir une gelée claire. Le lendemain, mesurer le jus obtenu en comptant autant de sucre (en tasses). Amener le jus à ébullition, le cuire 5 minutes à feu assez vif, en écumant si nécessaire. Ensuite, incorporer le sucre petit à petit. Porter le liquide à bonne ébullition, y jeter le bouquet de menthe puis cuire 10 minutes ou jusqu'à consistance de gelée, en écumant à mesure. Retirer la menthe de la gelée et verser celle-ci dans des pots stérilisés chauds qu'on scelle aussitôt.

Sirop de Menthe

3 bouquets de menthe fraîche
1 litre d'eau
1,800 g de sucre

Infuser un bouquet de menthe dans l'eau bouillante et répéter l'opération 2 fois de manière à obtenir une infusion très concentrée. Ajouter le sucre et bien mêler avec, si désiré, un peu de colorant végétal vert. Garder dans des bouteilles stérilisées.

Crème de Menthe

1 litre d'alcool à 40%
15 g de menthe séchée
100-200 g de sucre (au goût)
15 gouttes d'essence de menthe verte

Laisser macérer le tout quelques jours. Ajouter l'essence après avoir filtré. Garder dans une bouteille stérilisée. Liqueur digestive excellente.

Rince-bouche (pour gargarismes)

2 tasses d'alcool 40%
2 c. à soupe de menthe séchée
1 petit morceau de cannelle
1 clou de girofle

Macérer le tout quelques jours puis le filtrer. Employer à raison d'1/2 c. à thé ou plus dans 1/2 verre d'eau.

Pastilles à la Menthe

3 tasses de sucre
1 tasse de lait
6 gouttes d'huile de menthe

«Mettre le sucre et le lait dans une petite casserole sur un feu doux, tourner jusqu'à ce que le sucre soit fondu, alors laisser bouillir dix minutes, retirer du feu, ajouter l'huile de menthe et battre jusqu'à ce que ce mélange devienne crémeux, à l'aide d'une cuillère à thé, faire tomber de petites boulettes sur un marbre huilé ou un plat en faïence également huilé. Si le mélange devenait trop froid et tendait à se cristalliser, mettre la casserole dans une terrine d'eau chaude.» (Vieille recette québécoise).

L'ORIGAN

*«On en fait de petits bouquets que l'on
sèche au grenier, à l'ombre; la plante se
conserve fort bien d'une saison à l'autre».*

Pierre Lieutaghi

L'Origan

A. **Origanum vulgare.** Le nom provient des mots grecs **oros** et **ganos** qui signifient «éclat de la montagne», allusion à l'habitat et à la beauté de la plante.

B. L'histoire de l'origan se confond avec celle de la marjolaine dont elle est la cousine sauvage. Voir **Marjolaine.**

C. Labiée vivace à feuilles ovées presque entières et fleurs roses, l'origan peut atteindre jusqu'à 70 cm de hauteur. La plante s'est naturalisée en quelques endroits du Québec, dont le Mont-Royal où l'on peut aussi trouver du cataire, de la menthe et du thym sauvage (serpolet). C'est une excellente plante de rocaille.

D. **Semis:** En pleine terre en avril-mai. Couvrir très légèrement les semences qui prennent 3-4 semaines à lever.

Sol: Riche, bien drainé.

Expo: Plein soleil.

Distance entre: Plants: 25 cm.

Soins: Sarclages au début, division de touffes à tous les 3-4 ans (la plante se multiplie rapidement).

Récolte et conservation: Cueillir la plante au début de la floraison. Séchée en petits bouquets, la plante se conserve bien d'une année à l'autre.

E. **Usages divers:** Les mêmes que pour la marjolaine, sauf que la saveur de l'origan est plus forte.

RECETTES

Paste et Fagiole (soupe italienne)

100 g de fèves blanches
2-3 c. à soupe d'huile d'olive
2 gousses d'ail hachées
1 branche de céleri finement tranchée
1 oignon émincé
1 belle branche de persil hachée
1 grosse boîte de conserve de tomates entières
Sel, poivre, basilic et origan au goût
1 pincée de romarin

1 pincée de sucre
2 tasses de pâtes cuites (coquilles, nouilles ou vermicelles)
Fromage parmesan ou romano râpé

Faire tremper les fèves une nuit puis les cuire, sans sel. Préparer une sauce en faisant revenir dans l'huile d'olive l'ail, le céleri, l'oignon et le persil. Ajouter les tomates puis le sel, le poivre, les herbes et le sucre. Ajouter 1 litre d'eau et mijoter le tout 20 minutes environ. Pendant ce temps, cuire les pâtes puis les ajouter à la soupe avec un peu d'eau de cuisson (pour épaissir). Ajouter enfin les fèves cuites. Mijoter encore quelques minutes, couvrir de fromage râpé et laisser reposer quelques minutes avant de servir, avec, si désiré, un bon pain à l'ail chaud.

Piments farcis (4 personnes)

Sauce: *5-6 cuillers à soupe d'huile d'olive*
1 petit oignon émincé
2 gousses d'ail broyées
2 boîtes de conserve de tomates entières
1 petite boîte de conserve de pâte de tomates
1/2 c. à thé de sucre
1 feuille de laurier
Origan, basilic, estragon
Sel et poivre au goût

Farce: *250 g de viande maigre hachée* (porc, veau, boeuf)
250 g de riz blanc non cuit
1 oeuf
1 gousse d'ail broyée
Sel et poivre au goût
Herbes au goût: persil, origan, livèche...
1 pincée de poivre de Cayenne (facultatif)

8 poivrons verts moyens découronnés et épépinés

Préparer d'abord la sauce en faisant revenir l'ail et l'oignon dans l'huile d'olive. Ajouter les autres ingrédients (tomates, sucre, fines herbes, sel et poivre) et mijoter à l'étouffée. Préparer la farce en mêlant bien viande(s), riz, oeuf, ail, sel, poivre, herbe(s) au goût et, si désiré, une pincée de Cayenne. Remplir les poivrons de cette farce, remettre la couronne dessus et les placer dans la sauce. Mijoter 2-3 heures à l'étouffée.

Sauce aux tomates (ma)

5-6 c. à soupe d'huile d'olive
1 oignon émincé
3-4 gousses d'ail hachées
1 petite branche de céleri finement tranchée
4 poivrons verts doux hachés
2 grosses boîtes de conserve de tomates pelées et broyées
250 g de champignons (ou plus)
1 pincée de sucre
Laurier, origan, basilic, estragon
Sel et poivre au goût
1-2 petits piments forts entiers (facultatif)
Pâte de tomates (pour épaissir, si désiré)
Boulettes (voir recette suivante)

Faire revenir les légumes dans l'huile d'olive, ajouter les autres ingrédients et mijoter le tout 2-3 heures à l'étouffée. Servir avec des pâtes au choix, fraîches si possible. Pour ne pas coller ensemble, ces dernières doivent être cuites rapidement dans beaucoup d'eau avec un peu de sel et quelques gouttes d'huile d'olive.

Viande Poulpete (pour boulettes)

500 g de viande hachée (boeuf, porc maigre, veau)
1 tasse de panure (type Pastene) ou mie de pain
2 oeufs
3/4 de tasse de fromage parmesan râpé
1-2 gousses d'ail broyées
1 petit oignon émincé
Origan, persil, autres herbes au goût

Bien mêler les ingrédients, les pétrir puis façonner en boulettes. Saisir et rôtir celles-ci dans de l'huile d'olive à feu assez vif en les retournant 2-3 fois. Mettre dans une sauce ou utiliser comme une farce (par exemple dans une tranche mince de surlonge de boeuf qu'on roule, ficèle et fait mijoter dans une sauce tomate simple après l'avoir saisie et rôtie dans un peu d'huile d'olive et de beurre).

Sauce à Pizza

(Voir recette de pâte dans **Pissaladière**).

Coulis de tomates
Ail, oignon émincé (un peu)
Origan, sel et poivre au goût

Mêler les ingrédients puis étaler sur la pâte. Garnir avec, au choix:
coeurs d'artichaut, olives, champignons, poivrons verts, tranches de
saucisson fumé, jambon, filets d'anchois, crevettes, moules, etc...
Couvrir de mozzarella puis de 2 cuillers à soupe d'huile d'olive et cuire
à four vif le temps requis.

Salade Grecque (4-6 personnes)

1 gousse d'ail
1 pincée de sel
1 tête de laitue pommée
3 endives
3 coeurs de céleri
6 radis
1 petit bouquet de ciboulette
1 concombre pelé
1 poivron vert tranché en fines lamelles
10 olives noires tranchées
225 g de fromage feta coupé en cubes
1/2 tasse d'huile d'olive
2 citrons (le jus de)
Sel et poivre au goût
8 filets d'anchois
3 tomates
1 branche de persil hachée
1 c. à thé d'origan broyé
Quelques brins de persil

Frotter le fond d'un grand bol à salade avec l'ail et le sel puis les jeter.
Mettre les légumes émincés et le fromage dans le bol. Dans un petit
bol, battre l'huile d'olive avec le jus de citron, du sel et poivre au goût
puis en arroser les légumes. Bien mêler puis garnir la salade avec les

tomates tranchées, les filets d'anchois tranchés sur le sens de la longueur puis le persil haché, l'origan broyé et quelques brins de persil. Servir aussitôt.

LE PERSIL

*«... que les roses, l'ache (le persil)
toujours verte et le lis éphémère ne
manquent jamais à vos repas !»*

Horace

Le Persil

A. Petroselinum sativum. Le nom provient du grec **petroselinon,** mot qui signifiait «ache des rochers».

B. Peut-être originaire de Sardaigne et devenu sauvage dans toute l'Europe du Sud (où il faut éviter de le confondre avec la cigüe), le persil a une histoire riche en légendes et superstitions. Alors que pour les Grecs la plante était surtout médicinale et servait à couronner les poètes et les vainqueurs des Jeux Olympiques, chez d'autres peuples elle était associée à la mort. C'est ainsi qu'on croyait qu'une personne qui plantait du persil devait mourir dans l'année: «pour tourner la difficulté, les jardiniers sèment donc les graines de cette Ombellifère dans un trou de mur qui recevra, deux ans après, les semences de la plante mûre». (Pierre Lieutaghi) De même, pour se débarrasser d'un ennemi, suffisait-il de prononcer son nom en arrachant un plant de persil. Le persil a aussi été de tout temps associé à l'ivrognerie et c'est ainsi qu'un auteur anglais a écrit que «la grande prise aide ceux qui n'ont pas la cervelle solide à mieux supporter la boisson».

C. Ombellifère bisannuelle, le persil a des feuilles d'un beau vert et des fleurs verdâtres et peut atteindre 25-30 cm de hauteur. On cultive surtout le persil à grandes feuilles (dit «italien») et le persil frisé, moins parfumé que l'autre. Le persil à racines constitue un excellent légume d'hiver.

D. Semis: En pleine terre, fin-avril. Comme les semences lèvent lentement (3-4 semaines), les faire tremper 2 jours avant de les planter. Couvrir très légèrement les semences de terre fine. On peut aussi en faire un semis intérieur en mars en pots de tourbe car la plante supporte très mal la transplantation.

Sol: Riche en humus et bien fumé, frais.

Expo: Soleil ou semi-ombre.

Distance entre: Plants: 15-20 cm.

Soins: Sarclages au début, arrosages des jeunes plants en cas de sécheresse. Enlever les feuilles qui jaunissent pour favoriser la repousse.

Récolte et conservation: Cueillir au besoin. La plante séchée est de saveur et valeur vitaminique presque nulles. Si on veut néanmoins la sécher, le faire à four doux, pendant une dizaine de minutes ou plus, en retournant plusieurs fois les feuilles hachées.

La **culture intérieure** doit se faire dans des pots assez profonds; on doit fournir à la plante un sol riche et partiellement sableux, beaucoup de fraîcheur (pièce la plus froide de la maison), de lumière et des arrosages fréquents. On peut aussi, à l'automne, attendre que la gelée fasse faner les plants puis en prélever quelques-uns et les empoter; ainsi les nouvelles pousses seront-elles plus vigoureuses que si on récolte le plant en feuilles.

E. **Usages divers:** En cuisine, le persil est à la fois un condiment et un légume (on peut en faire une salade excellente et très saine). On l'emploie, le plus frais possible, dans les soupes, les viandes (boeuf bouilli...) et les poissons, les omelettes, les salades. C'est un élément essentiel du Bouquet garni. L'emploi du persil comme garniture nous vient des Grecs: en effet, ceux-ci l'utilisaient dans les banquets, en même temps contre l'ivresse (en couronnes) et pour neutraliser l'odeur de l'ail et de l'oignon dont ils faisaient grande consommation. Pour la cuisson, on emploiera de préférence le persil italien à l'huile moins volatile que celle du persil frisé qui ne devrait jamais être cuit mais ajouté aux plats à la dernière minute.

Médicinalement, le persil est apéritif, stimulant, dépuratif et diurétique. Très riche en vitamines C et A et sels minéraux (fer...), «on peut, sans exagération, le considérer comme l'un des plus précieux aliments que la Nature a mis généreusement à la disposition de l'espèce humaine». (Randoin et Fournier) L'infusion se fait à raison de 50 g de plante entière (feuilles, graines, racines) dans 1 litre d'eau. L'infusion suivante est employée pour éclaircir le teint ou contre les taches de rousseur: mijoter une poignée de feuilles dans 2 tasses d'eau pendant 15 minutes; laver la peau le matin et le soir avec cette infusion. Le suc frais (feuilles froissées) s'emploie contre les piqûres d'abeille. L'essence (apiol) peut s'avérer très dangereuse.

RECETTES

Soupe au persil (4 personnes)

1 tasse de persil
2 tasses d'eau
2 c. à soupe de farine
2 c. à soupe de beurre
2 tasses de lait

Sel et poivre au goût
Un peu de cerfeuil frais (facultatif)

Mettre le persil à mijoter dans l'eau. Préparer une béchamelle (voir **Index des Recettes**) avec la farine, le beurre, le lait puis l'ajouter au bouillon de persil. Assaisonner au goût. On peut servir la soupe telle quelle ou gratinée au four, avec du fromage gruyère râpé et paprika, et croûtons de pain à l'ail.

Persil frit

Garniture essentielle des cervelles ou de la raie au beurre noir (recettes suivantes) le persil frit se fait en saisissant et cuisant 1 minute dans l'huile bouillante et avec un panier de broche (comme les frites) des petits bouts de branches de persil frisés, lavés et parfaitement asséchés.

Cervelles au beurre noir (4 personnes)

Un grand classique de la gastronomie française où contrairement à ce que l'on croit souvent le beurre n'est pas noir mais brun:

4 cervelles de veau
1/2 tasse de vinaigre
1 oignon haché grossièrement
1 Bouquet garni (persil, thym, laurier)
Beurre noir (beurre, vinaigre)

Faire tremper les cervelles 1 heure dans de l'eau glacée. Les nettoyer le mieux possible, puis les cuire dans assez d'eau pour les couvrir avec le vinaigre, l'oignon et le bouquet garni. Mijoter 1/2 heure, égoutter et garder au four chaud entre deux assiettes. Préparer le beurre noir en faisant fondre et mijoter du beurre jusqu'à ce qu'il brunisse. Ajouter avec précaution quelques gôuttes de vinaigre et ramener à ébullition. Verser ce beurre sur les cervelles, garnir de persil frit et de quartiers de citron.

Raie au beurre noir (4 personnes)

Court-bouillon pour poisson (voir **Index des Recettes**)
1 kilo de raie

170

Câpres entières ou hachées
Beurre noir et Persil frit (voir recettes précédentes)

Préparer le court-bouillon puis y mijoter le poisson 15 minutes. Le retirer ensuite délicatement et le mettre dans un plat de service. Couvrir la raie de beurre noir, de câpres et de persil frit.

Pommes de terre persillées

Petites pommes de terre nouvelles
Persil finement haché
Beurre et/ou gras de bacon
Sel

Faire revenir les pommes de terre dans le gras chaud et cuire 10-15 minutes en remuant fréquemment la poêle. Quand les pommes de terre sont bien dorées, réduire le feu, couvrir et cuire jusqu'à ce qu'elles soient tendres. Découvrir alors la poêle, monter le feu et cuire 2-3 minutes en brassant constamment la poêle. Assaisonner, garnir de beaucoup de persil finement haché et servir.

Cigares aux feuilles de vigne (6 personnes) (Liban)

Farce: *300 g de riz cuit*
300 g d'oignons grossièrement hachés
300 g de persil haché
300 g de tomates coupées en dés
3 citrons (le jus de)

Puis: *25-30 feuilles de vigne marinées*
2 tasses d'eau chaude
1/2 tasse d'huile d'olive

Préparer la farce en mêlant les ingrédients, la laisser reposer 1 heure puis en remplir les feuilles de vigne égouttées et rouler en cigares. Les disposer au fond d'un chaudron puis les couvrir avec l'eau et l'huile. Mijoter le tout 1 heure et servir avec des côtelettes d'agneau ou de veau. (Voir **Index des Recettes**)

Beurre Maître d'Hôtel (pour viandes et poissons grillés)

Beurre, persil émincé, jus de citron, sel et poivre

Travailler du beurre froid à la fourchette pour le mettre en crème et y incorporer les autres ingrédients. Servir tel quel sous ou sur la viande ou le poisson grillé placé dans des assiettes chaudes.

Sauce verte

Herbes fraîches: *cerfeuil, ciboulette, estragon, persil*
1-2 c. à thé d'eau froide
Mayonnaise
1 goutte de jus d'oignon (facultatif)

Hacher finement les herbes puis les piler dans un mortier. Ajouter un peu d'eau et passer dans un tamis fin. Incorporer cette purée d'herbes à de la mayonnaise avec le jus d'oignon, si désiré.

Sauce au Persil et aux Oeufs (Angleterre)

1 ou 2 oeufs cuits dur hachés
1 pleine cuiller à soupe de persil haché
1-2 gouttes de jus d'oignon (facultatif)
2 tasses ou plus de Sauce Béchamelle (voir **Index des recettes**)
Un peu de jus de citron

Mélanger tous les ingrédients et servir sur du poisson bouilli avec, par exemple, des pommes de terre bouillies et petits pois.

Persil salé

Procéder exactement comme pour les Herbes Salées (voir **Index des Recettes**), en n'employant que du persil. Garder au réfrigérateur jusqu'au moment où l'on peut obtenir du persil frais de nouveau (au jardin).

Formule contre l'Ivrognerie (Jean Valnet)

Faire bouillir dans 1 litre d'eau, jusqu'à réduction de 0,5 litre:

50 g de persil
1 écorce de pamplemousse
1 écorce d'orange

Sucrer. Prendre 1 cuillérée à café chaque matin à jeûn.

LE ROMARIN

*«... - les mûriers sont pleins de jeunes
filles - que le beau temps rend alertes et
gaies, - telles qu'un essaim de blondes
abeilles - qui dérobent leur miel aux
romarins des champs pierreux.»*

Mireille, Frédéric Mistral

Le Romarin

A. **Rosmarinus officinalis**. Le nom provient du latin **ros marinus**, mots signifiant «rosée marine», «soit parce qu'une légère poussière blanche telle une fine rosée saupoudre ses feuilles, soit parce qu'il recherche les endroits où se dépose la rosée de la mer». (Louis Lagriffe)

B. C'est peut-être la plante dont l'histoire est la plus riche en légendes. «Fleur par excellence» pour les Grecs qui s'en couronnaient lors de certaines fêtes, le romarin était le symbole de l'immortalité, du souvenir, de la fécondité et de la loyauté. Plante funéraire pour de nombreux peuples (Égyptiens, Grecs, etc.), dans le Sud de la France: «on dit que parfois on met du romarin dans la main des défunts et l'on en plante ensuite sur leur tombe» (Trouard-Riolle). La couleur bleu azur des fleurs était attribuée par les Chrétiens à la Vierge Marie qui «se reposant près d'un buisson, lors de la fuite en Égypte, y posa son voile dont les fleurs du romarin prirent la couleur». (Louis Lagriffe) L'Eau de la Reine de Hongrie, à base de fleurs de romarin, qui rendit si bien la jeunesse à une princesse de soixante-douze ans paralytique et goutteuse qu'elle fut demandée en mariage par un roi de Pologne, connut une vogue extraordinaire au 18e siècle; une véritable eau de Jouvence qui fit écrire à Madame de Sévigné: «Je m'en enivre chaque jour; j'en ai toujours dans ma poche, c'est une folie comme du tabac, mais je ne peux m'en passer, je la trouve excellente contre la tristesse». Enfin, le romarin fut largement utilisé comme préventif, en fumigations ou autrement, lors des grandes épidémies de peste; à ce propos, Louis Lagriffe rapporte une anecdote amusante: «De l'Orme, médecin du roi, pour se protéger des épidémies, ne sortait de chez lui qu'avec dans la bouche 4 ou 5 gousses d'ail, dans les oreilles des rameaux d'encens, dans les narines une tige de rue (plante médicinale autrefois populaire) et le visage entier recouvert d'un masque affublé d'un long bec qui lui permettait de tenir sous le nez une éponge imbibée de vinaigre, de romarin, de girofle et de cannelle».

C. Labiée à feuilles très étroites et fleurs bleu azur, le romarin n'est malheureusement pas vivace au Québec. Alors qu'elle peut atteindre 1,5 mètre de hauteur en Provence, son lieu de prédilection, au Québec elle n'atteint, après plusieurs mois de croissance, qu'une quinzaine de centimètres. De plus, cultivé au Nord, le romarin n'a qu'une faible teneur en huile essentielle; on lui préférera, pour fins médicinales, celui de son pays d'origine, pourvu, bien sûr, qu'il soit frais. L'odeur de la plante est forte, chaude et rappelle en même temps celles de l'encens, du pin et du camphre.

D. Semis: Semis intérieur en mars, mise en pleine terre fin-mai, quand tout danger de gelée est passé. La plante est de germination très lente (3-4 semaines et plus) et exige de la chaleur. L'achat de plants est des plus profitables.

Sol: Riche, calcaire, bien drainé.

Expo: Plein soleil. Orienter la plante vers le Sud.

Distance entre: Plants: 15 cm (pour la France, cette distance est évidemment beaucoup plus grande).

Soins: Sarclages au début, arrosages en cas de sécheresse.

Récolte et conservation: Cueillir les tiges au besoin. La plante se conserve bien séchée ou dans l'huile d'olive.

En **culture intérieure,** la plante exige beaucoup de soleil, un sol riche et de l'air frais. Les plants cultivés au jardin pourraient l'être en pots car la plante supporte mal la transplantation et, dès qu'entrée à l'intérieur, se déssèche souvent sans explication. Comme les plantes ont, elles aussi, leurs petites habitudes, le romarin cultivé à l'intérieur devrait toujours être gardé à la même place, même en été. Si, au cours de la croissance, une transplantation s'avère nécessaire, transférer la motte de terre entière dans un pot plus grand en ajoutant de la terre neuve sous et autour de la motte, sans briser celle-ci. Bien tasser la terre autour du plant puis arroser à fond en laissant ensuite le pot s'égoutter. Cette opération se pratique idéalement au printemps, quand la plante redevient active. Arroser la plante à fond, de manière à ce que tout le réseau radiculaire soit atteint par l'eau, mais sans exagération. Ces remarques valent pour toutes les plantes d'intérieur.

E. Usages divers: En cuisine, le romarin sert à aromatiser, seul ou avec d'autres herbes, mais toujours avec grande discrétion car il prend vite toute la place, les farces et les sauces, les champignons sauvages, divers poissons, les viandes grillées (agneau surtout), le gibier (avec genièvre, laurier et thym). Une spécialité gastronomique française, le Miel de Narbonne, est parfumé au romarin.

Médicinalement, le romarin est stimulant, antispasmodique et cholagogue (action marquées sur la sécrétion biliaire si essentielle au bon fonctionnement du foie). Toutefois, la plante peut se montrer, à fortes doses, l'essence surtout, très irritante; à propos d'elle, les Arabes furent les premiers à savoir en extraire l'essence, avec celles de lavande et de thym, par distillation. L'infusion se fait à raison de

10-25 g de feuilles et fleurs par litre d'eau. La plante est employée dans nombre de produits cosmétiques (shampooings, rince-bouche, savons, etc.). Elle redonne vigueur et éclat aux cheveux noirs et peut aussi être utilisée pour parfumer les armoires et tiroirs à linge, en sachets, seule ou en association avec la lavande, la mélisse et le basilic. On peut aussi s'en servir comme encens (voir plus loin).

RECETTES

Bouillabaisse (8 personnes)

1/4 de tasse d'huile d'olive
3 gousses d'ail hachées
3 oignons coupés en quartiers
2-3 litres d'eau
1 tête de rascasse (poisson)
1 feuille de laurier
1/4 de c. à thé de chacune des herbes suivantes: sarriette, thym, romarin
1 c. à soupe de persil haché
1 grosse boîte de conserve de tomates entières
1 kilo de filets de poisson à chair ferme
1 verre de vin blanc sec
500 g de crevettes fraîches
Autres fruits de mer à volonté: moules, pétoncles...
Sel et poivre
Un peu de safran

Au fond d'un grand chaudron, faire revenir doucement dans l'huile les oignons et l'ail. Ajouter ensuite l'eau, la rascasse (qui donnera tout son fumet à la soupe), le laurier, du sel et poivre au goût. Mijoter pendant au moins 1 heure puis retirer la rascasse et ajouter au bouillon, les herbes, les tomates et mijoter 1/2 heure. Enfin, mettre les filets de poisson coupés en morceaux assez gros, le vin blanc, les fruits de mer et le safran. Mettre au point l'assaisonnement et mijoter juste le temps qu'il faut au poisson pour être tendre. Les fruits de mer à coquilles (moules...) ou carapaces (crevettes, homard, crabe...) peuvent être cuits à part puis préparés et ajoutés à la soupe dans les dernières minutes de cuisson. Ce grand classique de la cuisine provençale constitue un repas à lui seul.

Gigot d'agneau au Romarin

1 gigot d'agneau de 2,5 kilos ou plus
5-6 gousses d'ail
3-4 c. à soupe de beurre mou
Farine et moutarde sèche (moitié, moitié)
Romarin et marjolaine
Sel et poivre au goût
1 c. à soupe de farine et eau chaude

Éponger la pièce de viande puis y faire de petites incisions dans lesquelles on insère des petits bouts d'ail. Badigeonner ensuite avec le beurre puis saupoudrer d'un mélange de farine et de moutarde sèche. Couvrir de fines herbes puis saisir la viande à four vif et réduire ensuite à 175°C. (350°F.), en comptant 25 minutes de cuisson par 500 g de viande. Assaisonner la viande à mi-cuisson et arroser souvent la viande avec son jus. Quand la viande est tendre, la retirer du chaudron et garder dans un plat de service chaud. Délayer 1 cuiller à soupe de farine dans un peu d'eau chaude et ajouter au fond de rôti, en allongeant avec un peu d'eau si nécessaire. Mijoter la sauce en y rajoutant un peu de romarin, l'assaisonner au goût et servir viande et sauce avec gelée ou sauce de Menthe (voir **Index des Recettes**), un légume vert tendre et du riz ou des pommes de terre.

Côtelettes d'agneau au Romarin

2 côtelettes par personne
Ail broyé
Moutarde sèche
Romarin
Huile d'olive et beurre
Eau chaude
Poivre au goût
Vin blanc sec
Sel au goût

Laisser reposer un peu la viande à la température de la pièce puis la badigeonner d'ail broyé; la couvrir ensuite d'un peu de moutarde sèche, de poivre et de romarin. Saisir et rôtir les côtelettes dans un peu d'huile d'olive et de beurre. Verser avec précaution 1/2 tasse d'eau chaude dans la poêle, couvrir aussitôt celle-ci et mijoter à feu doux, pendant 20 minutes, en tournant les côtelettes une fois. Au bout de ce temps, découvrir la poêle et épaissir la sauce à feu assez vif jusqu'à ce qu'elle commence à coller à la poêle. Retirer rapidement la viande de la poêle, déglacer la sauce avec du vin blanc et vérifier l'assaisonnement (n'ajouter du sel qu'à ce moment). Les côtelettes de veau et de porc se préparent de la même façon, les premières avec du thym, les secondes, avec de la sauge.

Lapin (ou lièvre) aux Herbes (4 personnes)

1 lapin
Farine et moutarde (moitié, moitié)
Beurre et gras de porc
Sel et poivre au goût
1 oignon haché
1 feuille de laurier
2-3 grains de genévrier (facultatif)
Fines herbes au goût: marjolaine, thym, romarin
3-4 bardes de lard ou tranches de bacon
Eau chaude
4 c. à soupe de farine grillée

Couper le lapin en 8-9 morceaux puis rouler ceux-ci dans un mélange de moutarde sèche et de farine. Saisir la viande, en 1 ou 2 fois, dans le beurre et le gras de porc puis, quand elle est bien rôtie, l'assaisonner. Ajouter l'oignon, les fines herbes, le laurier et le genévrier. Placer les bardes de lard ou le bacon en surface puis couvrir d'eau (pas trop). Mijoter 2-3 heures à l'étouffée. Épaissir ensuite la sauce avec la farine grillée, vérifier l'assaisonnement puis servir très chaud.

Lentilles à l'Allemande

2 tasses de lentilles vertes
Romarin
200 g de lard en chair tranché
1 oignon haché
1 petite gousse d'ail broyée
Un peu d'eau
Farine grillée
Un peu de sucre, de vinaigre de vin et de poudre de cari (curry)
Sel et poivre au goût

Cuire d'abord les lentilles, sans sel, avec juste ce qu'il faut d'eau et un peu de romarin. Dans une poêle, faire revenir le lard tranché avec l'ail et l'oignon puis en faire une sauce en ajoutant d'abord de la farine grillée puis un peu d'eau. Verser cette sauce sur les lentilles cuites et ajouter sucre, vinaigre, poudre de cari, sel et poivre au goût. Mêler et mijoter un peu puis servir sur des coquilles ou des nouilles avec des saucisses allemandes.

Huile au Romarin

3 tasses d'huile d'olive
4 branches de romarin
2 petites gousses d'ail entières
1 échalote française entière

Laisser macérer le tout pendant 2-3 semaines avant d'utiliser. Cette huile est excellente avec les volailles, les poissons et les pâtes italiennes.

Esprit d'Herbes des Bergers

1 litre d'alcool 90°
3 g de gingembre frais
2 g de macis (ou muscade)
2 g de clous de girofle
10 g de fleurs de lavande

Feuilles fraîches de:

25 g de romarin
15 g de thym
5 g de basilic
5 g de menthe poivrée
10 g de mélisse
10 g de bergamote (chez l'herboriste)
10 g d'estragon
10 g de sauge

Broyer longuement herbes et épices dans un mortier, par petites quantités à la fois. Délayer avec un peu d'alcool puis transvaser dans un pot et crouvrir du reste de l'alcool. Laisser infuser une semaine en secouant le pot de temps à autre. Filtrer alors sur de la ouate, transférer dans de petits flacons et fermer hermétiquement. Employer, au compte-goutte, pour aromatiser, en fin de cuisson, les plats mijotés (bouillis, daubes, ragoûts...).

Huile pour bains

1/2 tasse d'huile d'amande douce
10 gouttes d'huile essentielle de romarin (ou autre)

Mêler en brassant vigoureusement. Employer 1 c. à thé d'huile par bain. Le rôle de l'huile d'amande douce est de permettre la dissolution de l'huile d'herbe qui autrement resterait en surface de l'eau.

Formule cicatrisante (brûlures légères)

Diluer dans un peu d'alcool quelques gouttes d'huiles essentielles de lavande, sauge, thym et romarin. Diluer cet alcool dans un petit verre d'eau tiède. Imbiber de la gaze (ou autre tissu) du mélange et placer en compresse sur la brûlure. La même formule peut servir pour les douleurs musculaires ou rhumatismales. À défaut d'huiles essentielles, on peut se servir d'une décoction (infusion mijotée) des herbes indiquées.

Formule d'encens d'Épices et d'Herbes

À l'origine, l'encens était obtenu à partir de la plante nommée oliban. Toutefois, on appelle aujourd'hui «encens» tout mélange à brûler pour parfumer et purifier l'air d'un lieu fermé. À part la myrrhe et le benjoin vendus dans le commerce sous forme de granules, on peut aussi se servir d'un mélange des produits suivants: **Épices:** cannelle concassée, clous de girofle, grains de genièvre; **Herbes:** hysope, lavande, marjolaine, romarin, sauge, thym, aiguilles de pin. Aux mêmes fins, on peut tout simplement faire s'évaporer, en les mijotant dans de l'eau, des gouttes d'huiles essentielles, diluées dans un peu d'alcool, des plantes suivantes: girofle, cannelle, hysope, lavande, marjolaine, menthe, romarin, sauge, thym, pin.

Vinaigre des Quatre-Voleurs (Recette ancienne)

Préparation célèbre au 18e siècle, ce vinaigre antiseptique avait été composé par quatre voleurs qui, à Toulouse, en 1631, lors d'une grande épidémie, «alloient chez les pestiférés, les étrangloient et après voloient leurs maisons». En échange du secret de leur recette, on leur promit la vie sauve. Il était composé d'herbes (marjolaine, sauge, romarin, etc.) et d'épices (cannelle, etc.) macérées dans du vinaigre fort.

Eau de la Reine de Hongrie (Recette ancienne)

«On aura des fleurs de Romarin nouvellement cueillies dans leur vigueur, et on remplira la moitié d'une cucurbite (alambic) de verre, on versera dessus de l'esprit de vin jusqu'à ce qu'il surpasse de deux doigts les fleurs, on couvrira la cucurbite de son chapiteau, et on laissera la matière en digestion pendant trois jours; ensuite y ayant adapté un récipient et luté (obstrué) exactement les jointures, on fera la distillation au feu de sable et on gardera l'eau distillée dans une bouteille bien bouchée pour le besoin». (1716)

LA SARRIETTE

«... ainsi nommée des satyres, espèce de dieux, moitié hommes et moitié boucs. Ils étaient très enclins aux femmes, d'où vient qu'on leur a consacré une plante dont l'arôme lui donne des droits aux vertus aphrodisiaques, si utiles à ces dieux dissolus».

Thore, 1803

La Sarriette

A. **Satureia** 1. **hortensis** (annuelle), 2. **montana** (vivace). Pour l'explication du nom voir l'exergue.

B. Originaire du bassin méditerranéen, la sarriette était déjà connue dans l'Antiquité et fut cultivée au Moyen-Âge, comme plante médicinale, dans les monastères et les jardins de Charlemagne. Toutefois, son histoire est pauvre en légendes.

C. De la famille des Labiées, la sarriette annuelle forme un petit buisson à fleurs roses dont la taille peut atteindre 30-40 cm. La variété vivace, non rustique au Québec, est un peu plus élevée et de saveur plus prononcée. L'odeur de la plante est forte mais agréable, très camphrée et rappelle de loin celle de la menthe.

D. **Semis:** Semis en pleine terre, début-mai. Les graines prennent 10 jours environ à lever. Plante de culture facile et de croissance rapide.

Sol: Léger, calcaire, bien drainé.

Expo: Plein soleil.

Distance entre: Plants: 15 cm.

Soins: Sarclages au début. Si on réussit la culture de la variété vivace (en régions chaudes), il faut diviser la plante à tous les 4-5 ans. Protéger la plante en hiver.

Récolte et conservation: Cueillir les tiges au besoin. Récolter la sarriette en pleine floraison. La plante se conserve bien séchée.

La **culture intérieure** est de peu de profit.

E. **Usages divers:** Herbe culinaire québécoise par excellence, la sarriette parfume bien les soupes, les plats mijotés, le gibier, les viandes, les poissons, les farces, les sauces, dont elle facilite la digestion. À cause de son action carminative, c'est un élément essentiel de tout plat de fèves ou pois divers. La plante entre dans la confection de diverses liqueurs dont la célèbre Chartreuse qui ne compte pas moins d'une centaine d'ingrédients végétaux divers. La plante servait autrefois à masquer le goût et l'odeur des viandes trop faisandées.

Médicinalement, la sarriette est stimulante, carminative, anti-spasmodique et aphrodisiaque. L'infusion se fait à raison de 5 g par tasse d'eau. L'essence s'emploie à raison de 5 gouttes, 2-3 fois par jour, en fin de repas, dans 1 tasse d'eau chaude. Cette essence est très efficace contre les maux de dents (sur de la ouate appliquée sur la dent).

RECETTES

Soupe aux pois jaunes

4 tasses de pois jaunes secs
2 oignons émincés
2 petits poireaux finement tranchés
2 branches de céleri finement tranchées
400 g de lard salé
3-4 litres d'eau
Cerfeuil, persil, marjolaine, sarriette
Sel et poivre au goût

Faire tremper les pois en eau froide pendant 8 heures au moins puis les cuire, sans sel, dans 3-4 litres d'eau, 1 heure environ. Ajouter le reste des ingrédients et mijoter pendant 3-4 heures. Rajouter un peu de cerfeuil et de persil émincés vers la fin de la cuisson.

Soupe aux gourganes

200 g de gourganes (fraîches, de préférence)
200 g de lard salé tranché
1 os de jambon (facultatif)
2 branches de céleri tranchées minces
2 carottes en julienne
1 oignon émincé
1 grosse poignée d'orge perlée
Sarriette et persil
Poivre au goût
3-4 litres d'eau

Si l'on emploie des gourganes séchées, les faire tremper d'abord quelques heures en eau froide. Mêler et mijoter tous les ingrédients 3-4 heures en n'ajoutant l'orge perlée qu'à la dernière heure de cuisson.

Soupe aux lentilles Mère Michel

250 g de lentilles vertes
250 g de lard salé
1 gros poireau finement tranché
1 petit oignon émincé
2 gousses d'ail
Persil, sarriette, cerfeuil
Sel et poivre au goût
4-5 petites pommes de terre en petits cubes
3-4 litres d'eau
Sauce soya pour assaisonner ensuite

Faire tremper les lentilles quelques heures puis les cuire un peu, sans sel, et les écumer. Ajouter le reste des ingrédients, sauf les pommes de terre qu'on incorpore à la dernière demi-heure de cuisson. Mijoter 3-4 heures. Servir dans des bols et assaisonner avec un peu de sauce soya véritable (tamari ou autre).

Fèves au lard à la Québécoise

500 g de fèves blanches
1 tasse de mélasse
1 c. à thé de moutarde sèche
2 oignons coupés en quartiers
1 feuille de laurier
250 g de lard salé bien en chair
Sarriette
Poivre
Eau pour couvrir

Faire tremper les fèves dans de l'eau froide pendant 8 heures au moins puis les cuire, sans sel, dans beaucoup d'eau. Quand elles sont cuites (en soufflant sur une fève, la peau se soulève), les égoutter puis les mettre avec le reste des ingrédients dans un gros pot de grès. Couvrir d'eau et mijoter à four doux, à l'étouffée, pendant 4-5 heures, en mêlant bien à quelques reprises et en ajoutant de l'eau, si nécessaire. Découvrir le pot et cuire 1 à 2 heures de plus pour faire brunir les fèves, en les brassant à plusieurs reprises.

Chevriers (flageolets) aux Herbes

400-500 g de chevriers
250 g de lard salé
1 oignon piqué de 2 clous de girofle
1 gousse d'ail
1 carotte coupée en petits cubes
1 bouquet garni
Sarriette au goût
Un soupçon de poivre

Faire tremper les chevriers dans de l'eau froide pendant quelques heures puis les égoutter et rincer à fond. Les mettre dans un chaudron avec de l'eau, les cuire un peu puis écumer le liquide. Ajouter le reste des ingrédients, mijoter à l'étouffée longuement, en touillant à plusieurs reprises.

Bouilli de boeuf

1 1/2 kilo de boeuf en cubes
Huile et beurre
3-4 oignons grossièrement hachés
Sel et poivre
1 feuille de laurier
Riche bouillon ou consommé de boeuf pour couvrir
Quelques branches de sarriette
Autres herbes au goût: marjolaine, persil, thym...
1 petit navet coupé en 8
1 chou coupé en 8
Carottes et haricots

Saisir et rôtir le boeuf dans un peu d'huile et de beurre. Faire revenir ensuite les oignons avec la viande. Assaisonner, ajouter le laurier et du bouillon pour couvrir. Mijoter 2-3 heures à l'étouffée puis ajouter les légumes: le navet et le chou d'abord, puis les carottes et, enfin, les haricots attachés en petits paquets. Ajouter un peu de persil frais en fin de cuisson et servir le bouilli avec des pommes de terre cuites à part.

Frais-Cueillis au Lard (4 personnes)

400 g de lard salé
4 oignons en quartiers
4 petits choux-raves
8-12 carottes nouvelles
8-12 pommes de terre nouvelles
400 g de haricots
200 g de pois mange-tout (ou pois)
Livèche, marjolaine, sarriette
Poivre au goût
Cerfeuil, persil hachés

Dessaler le lard en le faisant tremper en plusieurs eaux très froides puis le couper en morceaux d'une bouchée. Le faire revenir avec les oignons puis ajouter les pommes de terre, les carottes et les choux-raves coupés en assez gros morceaux. Incorporer la sarriette, la marjolaine et la livèche et cuire 15 minutes puis ajouter les haricots. Cuire 10 minutes puis ajouter les pois mange-tout. (À noter que ces temps de cuisson sont relatifs car il faut tenir compte de la taille et tendreté des légumes. Idéalement, on fait cette recette avec des légumes frais cueillis du jardin et on peut y ajouter tout autre légume au goût. Quoiqu'on y mette, il importe qu'une fois cuits, les légumes soient tendres mais encore croquants). Assaisonner avec un peu de cerfeuil et persil hachés, poivre et sel, si nécessaire. Mêler délicatement et servir avec le jus de cuisson. Un plat simple mais délicieux.

Sauce argentine à la Sarriette (pour viandes grillées)

1 oignon
6 gousses d'ail
1/2 tasse de feuilles de sarriette fraîches
1/4 de tasse de jus de citron
3/4 de tasse d'huile d'olive
Sel et poivre au goût
1 petit bouquet de persil

Hacher finement l'oignon, l'ail, la sarriette et le persil. Les placer dans un grand bol à salade et incorporer, petit à petit, le jus de citron et l'huile puis le sel et le poivre. Laisser mûrir le tout 15 jours au réfrigérateur.

Liqueur des Satyres

Mettre à macérer, pendant 4-6 semaines, dans 1 litre d'alcool 25 grammes de chacune des herbes suivantes: menthe, romarin, sauge, origan et sarriette. Ajouter une demi-noix de muscade râpée, une douzaine de clous de girofle, quelques grains de génévrier concassés et un peu de cannelle concassée. Filtrer ensuite le tout et l'additionner de sucre au goût, après avoir fait fondre celui-ci dans un peu d'eau. À boire à petites doses.

LA SAUGE

«Pourquoi mourrait celui qui cultive la sauge dans son jardin?»

École de Salerne

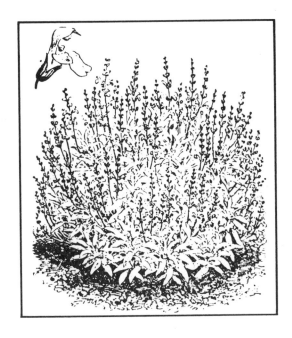

La Sauge

A. Salvia officinalis. Le nom provient du latin **salvus**, «préservé, sauvé», et fait allusion à l'action régénératrice de la plante sur l'organisme.

B. Déjà connue des Aryens, la sauge était pour les Romains «l'Herbe Sacrée» car ils croyaient la plante dotée de toutes les vertus. En Gaule, les Druides la tenaient pour une plante magique capable de guérir toutes les maladies et même de ressusciter les morts. Selon un auteur du 18e siècle, les Chinois prisaient si fort la sauge qu'ils échangeaient volontiers deux caisses de thé contre une de ses feuilles. C'est, pour de nombreux peuples, et ce, depuis tout temps, la plante médicinale par excellence.

C. De la famille des Labiées, la sauge est une plante vivace, à grandes feuilles d'un vert-grisâtre et à fleurs violettes qui peut atteindre 25-30 cm de hauteur. Toute la plante dégage une odeur à la fois poivrée, camphrée, chaude et un peu amère. Les sauges les meilleures (il en existe plus de 500 variétés) proviennent de Grèce.

D. Semis: Semis en pleine terre en avril-mai ou, pour en avoir la première année, semis intérieur en mars ou achat de plants. C'est une bonne plante de rocaille.

Sol: Léger, calcaire, légèrement fumé, bien drainé.

Expo: Plein soleil.

Distance entre: Plants: 15 cm (et plus les années suivantes).

Soins: Sarclages au début. Protéger les plants en hiver. Division de touffes à tous les 3-4 ans.

Récolte et conservation: Prélever les tiges au besoin. Récolter au tout début de la floraison et sécher rapidement en petits bouquets. Les feuilles entières peuvent aussi être blanchies une minute en eau bouillante et congelées; on peut aussi les conserver dans le vinaigre.

En **culture intérieure,** la sauge exige beaucoup de soleil, un sol calcaire et on doit laisser sécher le sol entre les arrosages.

E. Usages divers: En cuisine, la sauge aromatise bien le porc, l'agneau, le veau, les volailles (canard, oie, poulet), les poissons, diverses sauces et farces. La plante doit être utilisée avec discrétion.

Médicinalement, la sauge est tonique du système nerveux et de l'appareil digestif, antispasmodique, diurétique et hypertensive (donc à proscrire aux gens souffrant de haute pression). L'infusion se fait à raison d'1 petite cuiller à thé par tasse d'eau. **L'essence** s'emploie, avec précaution, à raison de 2-4 gouttes diluées dans un peu d'alcool. Riche en vitamines A et C, la sauge est un excellent préventif de la grippe et tonique du cuir chevelu (voir recettes). L'essence est utilisée en parfumerie.

RECETTES

Saltimbocca (3 personnes)

300 g de petites escalopes de veau (coupées en 12 morceaux)
12 petites tranches de Prosciutto (jambon italien)
6 feuilles de sauge fraîche coupées en deux
Beurre et vin blanc sec

Couper les escalopes en douze morceaux environ. Sur chacune, placer 1/2 feuille de sauge puis le Prosciutto et épingler les trois ingrédients avec un cure-dent. Sauter les escalopes au beurre du côté du jambon d'abord puis de l'autre. Retirer la viande de la poêle puis déglacer celle-ci à feu vif avec un peu de beurre, du vin blanc sec, sel et poivre au goût et verser aussitôt sur la viande. Le nom **saltimbocca** signifie «saute-en-bouche». À servir avec des pâtes fraîches et, par exemple, du fenouil de Florence.

Steakinis alla Ticinese (3 personnes)

1 gros filet de porc
Sel d'herbes commercial Aromat
9 feuilles de sauge
3 tranches de bacon (chacune coupée en 3)
Beurre et vin blanc sec

Trancher le filet en oblique, en 9 morceaux puis l'assaisonner. Sur chacun, placer 1 feuille de sauge puis le bacon et épingler les trois ingrédients avec un cure-dent. Sauter 1 1/2 minute du côté du bacon d'abord puis 1 minute de l'autre. Retirer la viande de la poêle puis déglacer celle-ci à feu vif avec un peu de beurre et du vin blanc, assaisonner et verser aussitôt sur la viande. Servir avec des pâtes fraîches et des tomates coupées en deux, sautées à l'huile d'olive et légèrement assaisonnées. Cette recette est une variante suisse de la précédente.

Cailles à la Mouquin (4 personnes)

1/2 tasse de beurre
3-4 échalotes françaises émincées
2 gousses d'ail broyées
1 feuille de laurier
1 c. à thé de grains de poivre noir
2 clous de girofle
8 cailles
2 tasses de vin blanc
2 tasses de crème sure
1 c. à soupe de ciboulette hachée
7-8 feuilles de sauge hachée
1/2 c. à thé de sel
Un peu de poivre
1 pincée de poivre de Cayenne

Faire revenir les échalotes et l'ail dans le beurre avec le laurier, les grains de poivre et les clous de girofle, pendant 8 minutes, en brassant le tout constamment. Saisir et rôtir les cailles dans ce beurre puis les couvrir de vin blanc et mijoter à l'étouffée pendant 30-40 minutes. Au bout de ce temps, retirer les cailles du chaudron, passer la sauce et y incorporer la crème sure. Ajouter la ciboulette, la sauge, le sel et du poivre et du poivre de Cayenne au goût. Remettre les cailles dans la sauce, ramener au point d'ébullition et servir aussitôt. Quelques morilles fraîches ou séchées rendent ce plat encore plus succulent. Accompagnements suggérés: du riz sauvage et un légume tendre (asperge, salsifis ou autre).

Ragoût de pattes de cochon à la Québécoise

2 pieds de porc
2 oignons en quartiers
2 gousses d'ail entières
3-4 carottes tranchées
3-4 clous de girofle
1 feuille de laurier
7-8 feuilles de sauge
Persil haché
Farine grillée

Ébouillanter les pieds de porc puis les égoutter et placer dans un grand chaudron avec le reste des ingrédients sauf le persil et la farine grillée. Mijoter le tout 3-4 heures, jusqu'à ce que la viande soit bien tendre et commence à se défaire. Délayer la farine grillée dans un peu de bouillon de cuisson puis incorporer au reste avec le persil haché. Servir avec des pommes de terre bouillies.

Rôti de porc

1 pièce de 2-3 kg de longe de porc
3-4 gousses d'ail
Sel et poivre au goût
Morceau de couenne ou bacon
3 tasses d'eau bouillante
1 c. à thé de sauge hachée
1 c. à thé de thym
Petites pommes de terre nouvelles
Petits oignons blancs ou échalotes françaises

Faire de petites entailles dans la viande et y piquer des morceaux d'ail puis frotter la pièce de sel et de poivre. Foncer le fond de la lèche-frite avec la couenne ou le bacon, placer la pièce de viande dessus et saisir à four chaud (210°C., environ 410°F.). Ajouter ensuite l'eau bouillante et réduire la chaleur à 150°C. (325°F. environ) et cuire en comptant 40 minutes environ par 500 g de viande. Arroser la viande à plusieurs reprises en cours de cuisson. Une heure avant la fin de la cuisson, ajouter les fines herbes, les pommes de terre et les oignons qu'on tourne dans le jus de cuisson pour les brunir.

Graisse de rôti

Une fois la pièce de viande et les légumes retirés de la lèchefrite, y mettre 1 1/2-2 tasses d'eau et mijoter le tout 30-45 minutes. Passer le liquide dans un tamis et le couler dans des pots de verre. Laisser prendre au froid.

Farce anglaise à la Sauge et à l'Oignon (pour dinde)

2 gros oignons émincés
1 gros morceau de beurre

2 branches de céleri
2 c. à soupe de feuilles de sauge hachée
1 branche de thym (feuilles hachées)
6 tasses de mie de pain frais
Sel et poivre au goût
1 oeuf
1 tasse de lait

Faire revenir les oignons dans le beurre puis ajouter le céleri finement tranché, la sauge hachée et le thym. Ajouter ensuite le pain frotté entre les mains, assaisonner. Quand le mélange est froid, incorporer l'oeuf battu et une tasse de lait. Pour une grosse dinde, doubler ou tripler les proportions.

Sauce à la Sauge et à l'Oignon

2 c. à soupe de beurre
2 oignons émincés
1 1/2 tasse de bouillon de boeuf
1 c. à thé de sauge finement hachée
2 c. à soupe de mie de pain frais
Sel et poivre au goût

Faire fondre le beurre dans la poêle, ajouter les oignons et les faire revenir jusqu'à ce qu'ils commencent à brunir. Ajouter le bouillon, amener à ébullition. Incorporer ensuite la sauge, la mie de pain frottée entre les mains, du sel et du poivre au goût. Servir avec du rôti de porc, en incorporant un peu du jus de sa cuisson à la sauce préparée.

Eau Miraculeuse

30 g d'angélique
30 g de romarin
30 g de marjolaine
30 g de baume des jardins
30 g d'hysope
30 g d'absinthe
30 g de menthe
30 g de thym
45 g de sauge
2 1/2 litres d'alcool

Mettre dans une bouteille exposée 15 jours au soleil. Filtrer, mettre en bouteilles et boucher. À employer contre les troubles de l'appareil digestif. (Formule de Jean Valnet)

Infusion(s) pour les cheveux

On peut composer des infusions pour les cheveux en faisant mijoter 15 minutes, dans 1 litre d'eau, 50-100 g des plantes séchées suivantes au choix:

La **Sauge**, l'**Ortie**, le **Thym**, la **Bardane**, la **Capucine** (feuilles et graines vertes fraîches), qui sont d'excellents toniques du cuir chevelu, le **Romarin**, qui tonifie le cuir chevelu et donne plus d'éclat aux cheveux noirs (avec des clous de girofle), la **Camomille**, qui accentue la couleur des cheveux blonds en leur donnant plus d'éclat, l'**Hamamélis**, un excellent astringent pour les cheveux gras. Pour les cheveux blancs, on emploiera du thé noir qui leur donne une teinte mordorée naturelle.

Appliquer l'infusion après avoir lavé les cheveux avec un shampooing et masser longuement le cuir chevelu et les cheveux. Couvrir la tête d'une serviette humide et laisser les huiles des herbes faire leur travail pendant 20 minutes au moins. Rincer, si désiré. L'infusion peut se garder 3-4 jours au froid, pas plus.

Formules Anti-Grippe (préventives ou curatives)

Infusions à boire: Faire infuser, 8 à 12 minutes, dans 1 litre d'eau bouillante 5 g de chacune des herbes suivantes: hysope, lavande, marrube, menthe poivrée, romarin, sauge et thym (aiguilles de pin et feuilles d'eucalyptus sont aussi recommandées). Compter 35 g d'herbes en tout. Boire 3 tasses d'infusion au moins.

Infusions pour bains: Faire infuser, 8 à 12 minutes, dans 1 litre d'eau bouillante, 10 g de chacune des herbes suivantes: aiguilles de pin, feuilles d'eucalyptus, hysope, lavande, marrube, menthe poivrée, romarin, sauge et thym. Compter 100 à 120 g d'herbes en tout. Ajouter à l'eau du bain en filtrant dans une passoire. Séjourner dans le bain 20 minutes au moins.

Bains d'huiles essentielles: Diluer dans un peu d'alcool ou de l'huile d'amande douce, 2-3 gouttes de chacune des huiles essentielles des plantes suivantes: pin ou sapin, eucalyptus, hysope, lavande, menthe poivrée, sauge et thym. Compter 20 gouttes d'huiles essentielles en tout. Ajouter à l'eau du bain et y séjourner 20 minutes au moins.

Formules Anti-Rhumatismales

Procéder comme pour les **Formules Anti-Grippe** en utilisant les herbes suivantes: estragon, hysope, lavande, menthe poivrée, origan, romarin, sauge et thym.

Formule Dépurative et diurétique

Infusion à boire: Faire infuser, 8 à 12 minutes, dans 1/2 litre d'eau bouillante, 5 g de chacune des herbes suivantes: lavande, livèche, romarin, sauge, thym et verge d'or. Décocter à part (faire mijoter) dans 1/2 litre d'eau: graines d'anis et de fenouil, baies de génévrier et queues de cerise. Compter 35 g d'herbes et graines en tout. Mêler les deux liquides filtrés et boire toute l'infusion, à jeûn, en 2 ou 3 fois. Répéter l'opération 2 jours d'affilée puis suspendre ce traitement 1 semaine au moins avant de recommencer.

LE THYM (et le Serpolet)

«Venez, venez, mes chevreaux,
mes agnelets
Dans le laurier, le thym et le serpolet...»

L'Eau Vive, Guy Béart

Le Thym (et le Serpolet)

A. **Thymus vulgaris** et **serpyllum** (Serpolet ou Thym sauvage). Le nom de thym provient du grec **thumon**, «odeur» (peut-être par l'égyptien **tham**); quant au nom de serpolet, il vient du grec **herpillos**, «ramper».

B. Originaire du bassin méditerranéen (Portugal, Espagne, Grèce et Provence), le thym serait né, selon une légende grecque, des larmes de la belle Hélène de Troie. Alors que les Égyptiens l'employaient pour l'embaumement des morts, la plante était consacrée à Vénus par les Romains. Au Moyen-Âge, cette «herbe de moult bonne odeur et de grande douceur» (B. de Crémone) était cultivée dans les jardins des monastères avec un grand nombre d'autres herbes médicinales. «Il était coutumier alors de broder sur l'oriflamme des chevaliers une branche de thym couronnée d'une abeille pour leur rappeler que l'impétuosité que l'on attendait d'eux ne devait pas exclure la douceur.» (Louis Lagriffe)

C. De la famille des Labiées, le thym est une plante vivace (peu rustique au Québec) qui forme un petit buisson à feuilles minuscules et fleurs violacées. La plante peut atteindre 20 cm de hauteur. Le serpolet en est la forme sauvage, et rampante; la plante, qui abonde sur le Mont-Royal, forme de petits coussins ronds. Une autre variété est le thym citronné. Tous les thyms sont très ornementaux, spécialement dans une rocaille. Tout dégagent plus ou moins une odeur légèrement poivrée et camphrée.

D. **Semis:** Semis intérieur en mars-avril ou en pleine terre fin-avril. Comme la germination des graines est très longue (3-4 semaines) et la croissance, lente, l'achat de plants est avantageux. La plante se ressème souvent d'elle-même.

Sol: Léger, calcaire, assez riche, bien drainé.

Expo: Plein soleil.

Soins: Sarclages au début. Rasage et protection des plants en hiver. Division des racines à tous les 3-4 ans.

Récolte et conservation: Cueillir les rameaux au besoin. Récolter la plante au début de la floraison. La plante se conserve bien séchée.

En **culture intérieure,** la plante exige beaucoup de soleil, un sol calcaire, riche et bien drainé, beaucoup d'humidité ambiante, quoiqu'il faille laisser sécher le sol entre les arrosages. Si l'air est trop sec, poser un bol d'eau près de la plante.

E. **Usages divers:** En cuisine, le thym s'emploie, toujours avec discrétion, dans les soupes, les plats mijotés, les salades, les sauces, les farces et les marinades de viandes et de poissons. Il aromatise bien les volailles, les viandes, surtout l'agneau, le veau, le cochon de lait et le gibier. C'est une composante essentielle de tout bouquet garni.

Médicinalement, le thym et le serpolet (action moins forte) sont stimulants, antispasmodiques et peut-être aphrodisiaques. Le thym est «l'un des meilleurs remèdes des affections dues au refroidissement (grippe, rhume de cerveau, courbatures, frissons...» (Jean Valnet). L'essence s'emploie à raison d'1 à 5 gouttes sur un cube de sucre. Le thym est aussi très efficace contre le torticolis et les douleurs rhumatismales (voir **Eau Vulnéraire**) et les piqûres d'insectes. La plante est aussi un excellent stimulant capillaire (voir **Infusion(s) pour les cheveux**). Le thym donne un miel très délicat. Le camphre de thym (thymol) est un antiseptique puissant à n'employer qu'à l'extérieur de l'organisme.

RECETTES

Soupe à la queue de boeuf

1 queue de boeuf coupée en tronçons
Huile et beurre
1 petit navet
1 branche de céleri
1 carotte
8 tasses de riche bouillon ou consommé de boeuf
1 bouquet garni (thym, laurier, persil)
Sel et poivre au goût
1 petit verre de sherry ou de vin rouge (facultatif)

Couper d'abord les légumes en tout petits cubes. Couvrir la viande d'eau bouillante et la laisser reposer quelques minutes. Égoutter la viande, l'assécher avec du papier-éponge puis la saisir et rôtir dans un peu d'huile d'olive et de beurre. Faire revenir ensuite les légumes avec la viande. Ajouter le bouillon, le bouquet garni, du sel et poivre au goût et mijoter le tout 4-5 heures au moins. Si l'on veut ajouter un peu de sherry ou de vin rouge, ne le faire qu'à la dernière minute de cuisson. En Allemagne, il est de coutume de servir cette soupe après une «cuite» à la bière.

Clam chowder (4 personnes)

2 boîtes de conserve de petites palourdes (avec jus)
Huile ou gras animal
2 oignons moyens émincés
2 branches de céleri finement tranchées
3 pommes de terre coupées en petits dés
Sel et poivre au goût
1/2 c. à thé de thym
3-4 tasses de lait
Persil émincé (un peu)
Une noix de beurre

Faire revenir, dans un peu d'huile ou de gras, les oignons, le céleri puis les pommes de terre. Assaisonner avec du sel, du poivre et le thym. Incorporer le lait, mijoter très légèrement puis ajouter les palourdes avec leur jus. Ramener à ébullition puis fermer le feu et laisser reposer 1 heure. Ajouter ensuite le beurre, un peu de persil frais émincé; réchauffer, sans bouillir, et servir aussitôt. Cette soupe, qu'on peut faire avec des huîtres au lieu de palourdes, est originaire de la Nouvelle-Angleterre et doit être assez épaisse.

Croûtes aux champignons (entrée)

Champignons de couche ou, mieux, champignons sauvages
(chanterelles, morilles, pieds-de-mouton, etc.)
Échalotes françaises
Beurre et/ou huile d'olive
Thym frais haché
Sel et poivre au goût
Crème 35% ou sauce béchamelle
Tranches de pain français passés au four ou, mieux, des vol-au-vent

Nettoyer les champignons puis les trancher ou hacher. Faire revenir quelques échalotes finement tranchées dans l'huile et/ou le beurre puis ajouter les champignons, le thym et un peu de sel et poivre au goût. (On peut, à ce stade-ci, si l'on a fait récolte abondante, les congeler tels quels et reprendre la recette au moment voulu). Réduire ensuite partiellement l'eau dégorgée par les champignons puis ajouter la crème ou verser les champignons dans une sauce béchamelle assez épaisse. Parachever l'assaisonnement et servir, comme entrée, sur le pain ou les vol-au-vent chauds.

Champignons au Thym (4 personnes)

12-16 gros champignons de couche
Huile d'olive
Sel et poivre au goût
2-3 gousses d'ail broyées
Thym et persil hachés
1 citron (le jus d')

Après avoir pratiqué une large incision dans leurs chapeaux, arroser d'huile d'olive les champignons débarrassés de leurs pieds qu'on réserve. Assaisonner les champignons. Laisser reposer 2-3 heures puis retirer les champignons de l'huile, les égoutter et farcir avec l'ail broyé, les herbes et les pieds hachés en mélange. Placer les champignons dans un plat pyrex, les arroser de l'huile de trempage et passer sous le gril quelques minutes. Les arroser de jus de citron juste avant de les servir comme entrée ou légume d'accompagnement.

Poulet aux Herbes de Provence (4 personnes)

1 poulet d'1,2 à 1,4 kg
1 c. à thé de sel
Quelques tours de moulin de poivre noir
Beurre et huile d'olive
4 gousses d'ail coupées en deux
1/2 c. à thé de basilic haché
1/4 de c. à thé de romarin haché
1/4 c. à thé de thym haché

Assaisonner l'intérieur du poulet puis le saisir et rôtir de tous les côtés dans un peu d'huile et de beurre. Le placer dans une cocotte, assaisonner avec l'ail et les herbes et jeter le gras de cuisson dessus. Cuire à four chaud 1 heure ou plus en arrosant souvent le poulet avec son jus.

Boeuf Bourguignon (4 personnes)

1 kilo de boeuf en cubes
2 c. à soupe d'huile d'olive
Vin rouge (pour couvrir la viande)

2 oignons coupés en assez gros morceaux
1 feuille de laurier
Thym et persil
5-6 carottes tranchées
500 g de champignons coupés gros
Farine grillée
1 petit verre de cognac (facultatif)

Placer le bœuf dans un plat, le couvrir de vin rouge et de l'huile d'olive, l'assaisonner avec les oignons et les herbes et laisser macérer quelques heures. Retirer le bœuf de la marinade, l'égoutter à fond et l'assécher un peu puis le saisir et rôtir dans un peu d'huile et de beurre. Ajouter ensuite les carottes, les champignons et la marinade, en l'additionnant d'un peu d'eau. Mijoter à l'étouffée jusqu'à ce que la viande soit tendre. Épaissir avec de la farine grillée, si désiré, et parfumer de cognac préalablement flambé.

Chanterelles marinées (pour 2 1/2 litres)

24 tasses de petites chanterelles entières
5 tasses de vinaigre blanc
1 tasse d'eau
Gros sel
Grains de poivre noir
Feuilles de laurier
Branches de thym frais

Nettoyer les chanterelles et, si désiré, les rincer rapidement dans de l'eau très froide (opération considérée comme criminelle par certains). Les égoutter puis étaler sur un linge pour les assécher. Amener le vinaigre à ébullition après l'avoir salé un peu. Jeter les champignons dans le vinaigre et les blanchir 2-3 minutes, pas plus. Retirer les chanterelles du vinaigre et en remplir les pots stérilisés et chauds (5 d'1/2 litre). Placer dans chaque pot quelques grains de poivre, 1 feuille de laurier, une gousse d'ail et 1 branche de thym. Couvrir du vinaigre ramené à ébullition et sceller aussitôt les pots. À servir comme condiment avec, en particulier, la raclette ou la fondue suisses.

Marinades pour jambon(s) (Louis Lagriffe)

«... Les jambons sont mis pendant 3 semaines dans une saumure faite d'1/2 litre de vinaigre, 10 gousses d'ail et d'échalotes hachées, de quelques feuilles de laurier, 4 ou 5 clous de girofle, quelques grains de genièvre, plusieurs poignées de thym, de serpolet et de sarriette. Bien les arroser avec cette saumure. Une fois retirés de cette saumure, les fumer 15 jours avec du genièvre en jetant dans le feu genièvre, thym et serpolet».

Marinade pour toutes viandes (Jean Valnet)

«... faire macérer dans 1/2 litre de vin blanc un bouquet de thym, un de sarriette, quelques échalotes, 3 ou 4 gousses d'ail, 2 feuilles de laurier, quelques clous de girofle et ajouter 250 g de sel, 15 g de poivre moulu».

Poudre dentifrice II

Mêler, en parties égales, du thym pulvérisé et de l'argile. On peut aussi utiliser les graines de fenouil et la sauge à la fabrication de cette poudre qui est un excellent fortifiant des gencives.

Eau Vulnéraire (Pierre Lieutaghi)

«... faire macérer, pendant 8 à 10 jours, dans 1,500 litres d'alcool, les plantes suivantes (30 g de chacune): Thym, Serpolet, Romarin, Lavande, Hysope, Mélisse, Sauge, Origan, Absinthe, Camomille romaine, Millepertuis. Passer et filtrer.» Appliquer en compresse, en mouillant un linge de cette eau et en l'appliquant sur la partie douloureuse; ou frotter avec cette eau, pour en bien pénétrer la peau (voir **Usages divers**).

Tisane pour un «lendemain de la veille»

Pour annuler ou, à tout le moins réduire les effets désagréables de l'alcool, préparer une infusion de thym et, si disponibles, de graines de persil, y ajouter une pincée de sel et sucrer au goût. (Le rôle du sel est, en association avec le sucre, de réhydrater l'organisme). Un truc plus simple encore consiste à manger beaucoup de sucre.

RECETTES DIVERSES

Beurre aux Fines Herbes

Procéder comme pour le beurre d'Estragon, en remplaçant ce dernier par des fines herbes au goût (cerfeuil, ciboulette, estragon, persil...).

Beurre de Fines Herbes (à congeler)

Bien amalgamer 2 pleines tasses de l'herbe fraîche choisie et finement hachée et 1/2 tasse d'huile d'olive ou mêler 1/2 tasse d'herbe et 1/2 tasse de beurre. Ces mélanges se conservent 6 mois et plus au congélateur. Toutes les herbes peuvent être gardées de cette façon. Ne pas oublier d'étiqueter (nom de l'herbe, année) les contenants avant de les congeler.

Bouquet garni

Mélange d'herbes employé pour aromatiser les soupes, les viandes et légumes braisés, divers plats mijotés, etc. La formule classique comprend 2 petites branches de persil, 1 de thym et 1 petite feuille de laurier. On ficèle ces plantes ensemble et on les retire du chaudron à la fin de la cuisson. Les herbes séchées sont encloses, elles, dans un petit sac de mousseline (improprement appelée «coton-fromage» au Québec). On peut ajouter, selon les recettes, et au goût: céleri (ou graines de céleri), cerfeuil, ciboulette, fenouil (ou graines de fenouil), etc... Les formules suivantes sont aussi utilisées:

Pour soupes et plats mijotés de viandes: 1 partie de thym, 1 partie de sauge, 2 parties de sarriette, 2 parties de marjolaine, 1-2 parties de romarin.

Pour soupes et plats de poisson: 1/2 partie d'origan, 1 partie d'aneth, 1 partie de thym, 2 parties de mélisse, 2 parties de basilic, 2 parties de sarriette.

Carottes aux Fines Herbes

Petites carottes nouvelles
Beurre et huile d'olive
Sel et poivre au goût
Cerfeuil et persil frais hachés (beaucoup)

Cuire les carottes à la marguerite puis les égoutter, les trancher et sauter dans un peu d'huile et de beurre. Assaisonner au goût puis couvrir de cerfeuil et de persil hachés. Mêler délicatement et servir.

Côtelettes de veau aux Fines Herbes

Côtelettes de veau
Beurre
Échalotes françaises hachées
Vin blanc
Persil, cerfeuil, estragon frais hachés
Sel et poivre au goût

Rôtir les côtelettes dans le beurre puis les retirer de la poêle et les placer dans un plat de service chaud (gardé ensuite au four). Faire revenir les échalotes dans la poêle puis déglacer avec du vin blanc et réduire un peu la sauce. Ajouter les herbes, assaisonner au goût. Verser cette sauce sur les côtelettes et servir.

Court-bouillon (pour poissons)

Parties égales d'eau et de vin blanc
(établies selon la taille du poisson à cuire)
1-2 oignons en quartiers
1 gousse d'ail entière
1-2 carottes tranchées
1 petite branche de céleri (ou livèche)
Quelques grains de poivre noir
Sel au goût
1 bouquet garni
1-2 échalotes françaises
1 petit clou de girofle
Autres herbes au goût (aneth, fenouil, mélisse)

Mijoter le tout 1 heure ou plus avant d'y cuire le poisson. On peut ensuite utiliser le court-bouillon filtré pour faire une soupe.

Croûtons au beurre d'ail

1-2 petites baguettes de pain français
Beurre d'ail assaisonné (voir **Index des Recettes**)

Trancher le pain assez mince, le laisser sécher un peu puis le couper en petits cubes. Placer ceux-ci dans un grand bol, faire fondre le beurre d'ail (beaucoup) et le verser en filet sur les croûtons, en mêlant délicatement ceux-ci de manière à ce qu'ils s'imprègnent tous de beurre. Passer à four moyen, sur une plaque à biscuits, le temps que les croûtons deviennent dorés. On peut, au goût, et selon le plat servi, se servir d'un beurre d'ail des bois, d'aneth, de basilic, etc.

Fines Herbes

Mélange(s) d'herbes employées pour aromatiser les omelettes, les viandes grillées, les poissons, les plats mijotés, etc.. Le mélange classique comprend du cerfeuil, de la ciboulette, de l'estragon et du persil. On peut aussi ajouter, au goût, une ou plusieurs des herbes suivantes: basilic, marjolaine, menthe, romarin, sarriette, sauge et thym.

Herbes salées

Mélange(s) d'herbes employées pour aromatiser les soupes et les plats mijotés. On hache d'abord les herbes puis on les place en couches dans un grand plat et on les couvre d'un peu de gros sel. Ensuite, on les mêle et on en bourre le plus possible des pots de verre, de manière à en chasser l'oxygène et que les herbes baignent dans l'eau qu'elles dégorgent. Si les herbes à huiles délicates se prêtent mal à cette opération (basilic, cerfeuil et menthe), d'autres se conservent très bien tout l'hiver au réfrigérateur. Ce sont: la ciboulette, la livèche, le persil et la sarriette, auxquelles on adjoint des feuilles de carottes hachées et des carottes râpées.

Maquereaux aux Fines Herbes

Petits maquereaux bien frais
Huile et beurre
Échalotes françaises hachées
Persil et estragon hachés
Beurre
Sel et poivre au goût
Un peu de vinaigre

Faire deux entailles assez profondes le long du flanc de chaque maquereau puis saisir et griller les poissons dans un peu de beurre et d'huile, en ne les retournant qu'une fois. Les retirer de la poêle, les ouvrir en deux puis retirer l'arête centrale. Placer le poisson dans un plat pyrex, l'aromatiser avec les échalotes et les herbes. Assaisonner au goût, ajouter un peu d'eau et de vinaigre, quelques noisettes de beurre et cuire quelques minutes sous le gril («broil»). Servir avec une bonne gelée de groseilles... à maquereaux.

Marinades pour viandes

Une marinade est une préparation dans laquelle on fait tremper une pièce de viande pour l'attendrir et en atténuer la saveur forte tout en l'aromatisant. En voici trois formules classiques:

Agneau (pour une pièce de 2,250 kg et plus)

1 tasse d'oignons finement tranchés
1 tasse de carottes finement tranchées
1/3 de tasse de céleri finement tranché
2 gousses d'ail coupées en deux
1/2 tasse d'huile d'olive

Dans un chaudron de fonte émaillée, faire dorer (mais non brunir) les légumes dans l'huile d'olive pendant 5 minutes puis ajouter:

6 tasses de bon vin rouge
1 1/2 tasse de vinaigre de vin rouge
1 c. à soupe de sel
1 c. à thé de grains de poivre noir

2 clous de girofle
5 branches de persil
2 feuilles de laurier
1 c. à soupe de romarin
1/2 c.à thé de grains de genièvre

Mijoter le tout, le chaudron semi-couvert, pendant 20 minutes. Laisser refroidir complètement la marinade avant d'y placer la pièce d'agneau. Tourner et arroser celle-ci 3-4 fois par jour pendant quelques jours. Laisser égoutter la pièce de viande 1/2 heure avant de la cuire tel qu'indiqué dans les recettes.

Boeuf (pour une pièce de 2,250 kg)

1 tasse de carottes finement tranchées
1/2 tasse d'échalotes françaises finement tranchées
1/2 tasse d'oignon finement tranché
1 tasse de céleri finement tranché
2 gousses d'ail coupées en deux
1 c. à soupe de thym
2 feuilles de laurier
1/4 de tasse de persil haché
2 clous de girofle
1 c. à soupe de sel
1/4 de c. à thé de poivre noir
5 tasses de bon vin rouge
1/3 de tasse de cognac (facultatif)
1/2 tasse d'huile d'olive

Placer la moitié des légumes et des épices dans le fond d'un plat de verre. Assaisonner la pièce de viande (sel et poivre) puis la placer dans le plat et la couvrir du reste des ingrédients. Mariner de 6 à 24 heures, en tournant et arrosant la viande à plusieurs reprises. Laisser égoutter la viande 1/2 heure avant de la cuire tel qu'indiqué dans les recettes.

Porc (pour une pièce de 2 kg)

2 c. à thé de sel
1/4 de c. à thé de poivre noir
5-6 c. à soupe de jus de citron
5-6 c. à soupe d'huile d'olive

4 branches de persil
1 c. à soupe de thym
1 c. à soupe de sauge
2 feuilles de laurier
2 gousses d'ail hachées

Assaisonner la viande puis mêler le reste des ingrédients et y placer la viande. Tourner et arroser celle-ci quelques fois durant le temps de trempage. Bien égoutter et assécher la viande avant de la cuire.

Omelette aux Fines Herbes (4 personnes)

8 oeufs battus
3 c. à soupe des herbes fraîches hachées suivantes:
cerfeuil, ciboulette, estragon et persil

Hacher les herbes, les ajouter aux oeufs battus et assaisonner au goût. Allonger d'un peu de lait et, pour une omelette bien baveuse, cuire très doucement, à l'étouffée, le temps requis. Pour une omelette plus sèche, cuire à découvert et sans lait.

Recettes de la Rome Antique

C'est grâce aux auteurs gastronomiques et aux poètes que nous sont parvenues un grand nombre de recettes de cette époque. Parmi celles faisant usage des fines herbes, mentionnons:

Le Garum

Liqueur de poisson comparable au «nuoc-mâm» vietnamien, le garum était une base fondamentale de la cuisine des anciens Romains. Il était composé de poissons à chair grasse (anguilles, thons, maquereaux, sardines) macérés avec du sel pendant dix jours avec de l'aneth, du fenouil, du coriandre, du serpolet et d'autres herbes, le tout placé au soleil jusqu'à décomposition complète. Le liquide était ensuite filtré et utilisé comme condiment.

Le Moretum

Autre condiment de la cuisine latine, le moretum était une sorte de fromage épicé, aromatisé avec de l'ache (céleri sauvage), de l'ail, de la coriandre, de la menthe, de la rue, de la sarriette, du thym et de l'oignon. Le tout était pilé dans du vinaigre avec du poivre, épice alors aussi précieuse que l'or.

Poisson à la Sarriette

Cette recette de Lucrèce consistait à cuire du poisson salé avec de la ciboulette, du garum, et de l'eau. On l'arrosait ensuite avec de l'eau, du miel, du vinaigre et du vin cuit. On pouvait ensuite rajouter du garum au goût. Le tout était servi parsemé de sarriette fraîche hachée.

Sauce à Sanglier

Cette dernière recette, due à la plume d'Apicius, écrivain gastronomique de la Rome Antique, contenait: de l'aneth, du carvi, de l'ache, des graines de coriandre grillées et probablement broyées, de la livèche, du thym, de l'oignon, du poivre, du miel, du vinaigre, de la moutarde, de l'huile et du garum.

Recettes du Moyen-Âge

Bien qu'il faille attendre au 17e et 18e siècle pour assister à la naissance de la gastronomie française telle que nous la connaissons aujourd'hui, il m'a paru intéressant de donner quelques recettes du Moyen-Âge, ne serait-ce que pour en donner une idée. Les trois premières recettes sont tirées du **Viandier,** de Taillevent, le premier livre de cuisine français imprimé vers la fin du 15e siècle. Il se trouve un exemplaire de ce livre très rare à la Bibliothèque Nationale de Montréal, sous le titre **Le Manuscrit de la Bibliothèque Vaticane.**

Brouet Vertgay

«Cuisiez tel grain comme vous vouldrez en vin et en eaue et en boullon de beuf, et de lart pour luy donner goust, puis convient bien frioler (frire) vostre grain; puis affinez gingembre, saffren, persil, ung pou de sauge qui veult, et des moyeulx (jaunes) d'oeufz tous cruz, et du pain tout passé parmy l'estamine, deffait de vostre boullon; et i fault ung pou de verjuz et de bon froumage qui veult».

Brouet vert d'oefz et de frommage

«Prenez persil et ung pou de sauge et bien ou de saffren en la verdeur et pain trempé, et deffaictes de purée ou d'eau boullie, et puis gingembre deffait de vin, et mettez boullir, puis mettez le frommage dedans et les oeufz, quand ilz seront pochez en eau; et soit lyant vertgay, et aucuns n'y mettent point de pain, mais y mettent layt d'amendes».

Chappons aux Herbes ou Veel (veau)

«Mettés les cuire en eaue, lart, persil, sauge, ysope, coq (une variété de tanaisie), vin, vertjus, saffren et gingembre, se vos voulez».

Mélange de Fines Herbes (recette tirée du Livre fort excellent de cuysine, paru en 1555)

«Prenés persil effuillé deulx poignées marjolaine effeuillée deux poignées et demye poignée ysope autant sariette autant sarpollet une poignée soulcye une poignée. Eu quant cest pour faire farce aulcuns y mettent soulcye et peu de baselicque. Elles servent à tous les potaiges et les fault faire seicher environ la Seinct Jehan Baptiste».

Recettes du 18e siècle

Les proportions de ces recettes ont été établies par Barbara Ketcham Wheaton (voir **Bibliographie**).

Bouillon ordinaire, ou mitonnage pour la base des potages et des sauces

2 kilos de ronde ou de gîte de boeuf
1 poule de 3 kilos ou 2,25 kilos de jarret de veau
4 litres d'eau
2 oignons
3 poireaux
1 racine de persil ou 6 brins de persil avec les feuilles

1 branche de céleri
1 clou de girofle
Sel au goût

«Ce bouillon doit être fait avec toute l'attention possible. On prend la quantité de viande nécessaire. La meilleure est la tranche, le gîte et le trumeau (jarret). On y ajoute une poule ou jarret de veau. Quand il est bien écumé, vous le salez légèrement, et y mettez les racines convenables, comme navets, carottes, panais, oignons, cellery et poireaux, avec un clou de gérofle et une racine de persil. Ce bouillon ou mitonnage sert à faire cuire tout ce qui se met sur les potages, comme volailles, gibier, grosse viande, et toutes les garnitures ou légumes, excepté les choux, radix, gros navets et quelques autres légumes dont on fait le potage à part. Une partie de la bonté de tous les bouillons dépend de l'attention et du soin que l'on prend.» (**Les Dons de Camus,** François Marin, 1758)

Haricots verds en salade

500 g de haricots verts
2 c. à café de pimprenelle
1 c. à soupe de ciboulette
1 c. à soupe de cerfeuil
1 c. à soupe d'estragon
2 c. à soupe de persil
10 cl d'huile
2 c. à soupe de vinaigre de vin
1/8 de c. à café de poivre noir concassé

«Vos Haricots étant cuits, mettez-les à égoutter, faites les sécher entre deux linges, fendez-les en deux, si bon vous semble, dans leur longueur; dressez-les dans le plat que vous devés servir; faites-y autour un cordon de petites herbes hachées menues; sçavoir cerfeuil, pimprenelle, estragon, civette et persil. On les assaisonne sur la table, d'huile et vinaigre, avec un peu de poivre concassé. Quelques-uns font de ces salades diverses armoiries, comme Croix de Chevalier, Croix de Malthe, Étoile, ou quelques autres desseins». (**Traité historique et pratique de la cuisine.** 1758)

Saumon aux Fines Herbes

1 c. à soupe de persil
2 c. à soupe de ciboule
1 c. à soupe d'échalotes
1 gousse d'ail
2 c. à soupe de champignons
2 c. à café de basilic
1/4 de c. à café de sel
Poivre noir concassé au goût
2 darnes de saumon de 250 g chacune environ
100 g de chapelure blanche
2 c. à soupe de beurre

«Foncez le plat que vous devez servir avec du bon beurre, persil, ciboules, échalotes, une pointe d'ail, champignons, un peu de basilic, le tout haché très-fin, sel, gros poivre; arrangez dessus deux dardes de saumon frais; assaisonnez dessus comme dessous; pannez de mies de pain, et sur la mie de pain, remettez-y des petits morceaux de beurre gros comme des pois, proche les uns des autres; faites cuire sur un petit feu et un couvercle de tourtière. La cuisson faite, penchez le plat pour en égoutter le beurre; servez dessous une sauce claire à l'Italienne, finie de bon goût». (**Les Soupers de la Cour,** 1755)

Pain aux champignons

1 tranche de pain ronde de 18 cm de diamètre et 2,5 cm d'épaisseur
100 g de beurre clarifié
750 g de champignons
1 dl d'eau
1 bouquet garni avec persil, thym et feuille de laurier
2 c. à soupe de beurre
2 c. à soupe de farine
1 c. à café de sucre en poudre
1/2 c. à café de sel
2 jaunes d'oeufs
50 g de crème épaisse

«Il faut tourner les champignons, les couper, et les faire cuire avec un peu d'eau, un pain de beurre de Vanves, dont il en faut manier dans la farine, un bouquet. Quand ils sont cuits, y mettre un peu de sucre, une petite pincée de sel et les lier avec des jaunes d'oeufs et de la crème. Vous prenez un grand croûton de pain, que vous passez dans du beurre. Quand il est passé et essuyé de son beurre, vous le mettez au fond du plat que vous devez servir, coupez-les en six, sans qu'il soit dérangé, et dressez le ragoût de champignons dessus». (**Nouveau Traité de la cuisine,** Menon, 1739)

Champignons à l'olivier

800 g de champignons
1 petit oignon
1/2 c. à café de crème fraîche
3 c. à soupe de beurre
2 c. à soupe de persil haché
2 c. à soupe de ciboule finement émincées

«Estans bien nettoyez, coupez les par quartiers, et les lavez dans plusieurs eaux l'un après l'autre pour en oster la terre; Estans bien nets, mettez-les entre deux plats avec un oignon et du sel, puis sur le réchaut, afin qu'ils jetterez leur eau. Estans pressez entre deux assiettes, prenez du beurre bien frais, avec persil et siboule, et les fricassez; après celà mettez-les mitonner, et lors qu'ils seront bien cuits, vous y pouvez mettre de la crème, ou du blanc-manger, et servez». (le **Cuisinier françois,** F. de la Varenne, 1654) (Le **blanc-manger** mentionné dans la recette est un bouillon de poulet plutôt que le dessert québécois du même nom).

Essence de jambon

250 g de jambon cuit bien maigre, coupé en tranches fines
50 g de saindoux
1 c. à soupe de farine
2 dl de jus de veau (bouillon de veau)
Un bouquet garni fait de trois ciboules, quelques brins de persil, de cerfeuil et de thym
2 clous de girofle
1 gousse d'ail
1/2 citron coupé en tranches
50 g de champignons émincés
2 c. à soupe de truffes hachées (facultatif)

100 g de pain blanc rassis
1 ou 2 c. à café de vinaigre de vin

«Il faut avoir de petites tranches de Jambon crud, les battre bien, et les passez dans la casserole avec un peu de lard fondu: mettez-les sur un réchaut allumé, et aïant une cuillère à la main, faites-lui prendre couleur avec un peu de farine. Étant coloré, on y met du bon jus de Veau, un bouquet de ciboule et de fines herbes, du clou de girofle, une gousse d'ail, quelques tranches de citron, une poignée de champignons hachez, des truffes hachées, quelques croûtes de pain, et un filet de vinaigre. Lorsque tout cela est cuit, passez-le proprement par l'étamine, et mettez ce jus en lieu propre, sans qu'il bouïlle davantage: Il vous servira pour toute sorte de choses où il entre du jambon». (le **Cuisinier roïal et bourgeois,** François Massialot, 1705)

Sauce Béchamel (ou Béchamelle)

C'est, sans contredit, la sauce la plus célèbre et son invention est généralement attribuée à Louis de Béchamel, intendant à la cour de Louis XV. Pour la préparer, on fait d'abord fondre 2 cuillers à soupe de beurre dans la poêle qu'on retire ensuite du feu pour y incorporer, avec un fouet de métal, 2 cuillers à soupe de farine. Goutte à goutte d'abord, la poêle remise à feu doux, rapidement, on incorpore plus ou moins de lait, selon qu'on veut une sauce épaisse ou légère. Il faut tourner continuellement le mélange de manière à éviter la formation de grumeaux. C'est une base pour de nombreuses autres sauces et on peut lui ajouter, selon les recettes, et sa fantaisie, de l'estragon, du cerfeuil, des champignons frits, des oeufs cuits durs hachés, des huîtres, du fromage râpé, etc.

Sauce Vinaigrette de base (pour 1/2 tasse)

1/2 à 2 c. à soupe de vinaigre de vin blanc
1/8 de c. à thé de sel
1/4 de c. à thé de moutarde sèche
6 c. à soupe d'huile d'olive
Poivre et herbes au goût (basilic, ciboulette, estragon, livèche, persil)

Placer tous les ingrédients dans un pot, bien boucher celui-ci et brasser vigoureusement pendant 30 secondes.

Sauce Vinaigrette aux Fines Herbes

3 parties d'huile d'olive pour
1 partie de vinaigre de vin blanc
Câpres hachées
Cerfeuil, ciboulette, estragon, persil hachés
Sel et poivre au goût

Procéder comme pour la recette précédente. Un truc excellent pour rendre une laitue croustillante consiste à casser celle-ci puis à en laver et bien essorer les feuilles. On place ensuite celles-ci dans un plat de type «Tupperware» au fond duquel on a mis des cubes de glace puis qu'on ferme et place au réfrigérateur. Au bout d'une heure ou deux, les feuilles sont croquantes et il ne suffit alors que de les essorer de nouveau juste avant de les servir en salade.

Sel de Fines Herbes

1 tasse de sel de mer fin
1/2 tasse de persil séché
1/2 tasse de livèche (ou feuilles de céleri) *séché(s)*
1/4 de tasse de sarriette séchée
1/4 de tasse d'estragon séché
2 c. à soupe de thym séché
1 c. à soupe de sauge séchée
Autres herbes au goût (calculer le sel en conséquence)

Mélanger longuement le sel et les herbes pulvérisées (comme, par exemple, dans un moulin à café). On peut toujours s'inspirer dans la composition de ce sel des formules de sels d'herbes vendus dans le commerce (Herbamare, Aromat, Maggi, etc.)

Truites aux Fines Herbes (4 personnes)

4 truites
2 oignons coupés en quartiers
1 bouquet garni
Vin blanc sec
1/2 tasse de cerfeuil frais haché
Cerfeuil haché en surplus

Beurre
2 citrons (en quartiers)

Préparer un court-bouillon avec les oignons et le bouquet garni. Mijoter 1 heure environ puis ajouter le vin blanc et le cerfeuil puis les truites. Cuire le poisson à bonne ébullition pendant 10 minutes puis le retirer, égoutter et placer dans un plat pyrex légèrement beurré. Parsemer les truites de noisettes de beurre, de cerfeuil, sel et poivre au goût. Passer au four, à 175°C (350°F) une dizaine de minutes et servir aussitôt.

Index des Noms de Plantes

Index des recettes

Index des Recettes Médicinales et Cosmétiques

Bibliographie principale

Boisvert, C. et Hubert, A., **Herbes et Épices,** Albin Michel, 1977.

Camporesi, P., **La chair impassible,** Flammarion, 1986.

Child, Julia (et autres auteures), **Mastering the Art of French Cooking,** Alfred A. Knopp, New-York, 1971

Colombani, M.J. et Bourrec J.R., **Le Livre de l'Amateur de Parfum,** Ed. Briand-Laffont, 1986.

Darnton, Robert, **Le Grand Massacre des Chats, Attitudes et croyances dans l'ancienne France,** Laffont, 1985.

Ferran, Pierre, **Le Livre des Herbes étrangleuses, etc.,** Marabout, 1969.

Hutchens, Alma R., **Indan Herbology of North America,** Merco, 1973.

Lagriffe, Louis, **Le Livre des Épices, Condiments et Aromates,** Marabout, 1966 (un classique, en particulier sur l'histoire de ces produits).

Larousse Gastronomique (version récente).

Lieutaghi, Pierre, **Le Livre des Bonnes Herbes,** Marabout, 1966, (une très bonne introduction à l'étude des herbes médicinales).

Marie-Victorin, Frère, **La Flore Laurentienne,** Presses de l'Université de Montréal, 1964 (la «Bible» botanique du Québec).

Paradissis, Chrissa, **Le meilleur livre de cuisine grecque,** Efstathiadis Frères, Athènes, 1972.

Pelikan, Wilhelm, **L'Homme et les Plantes Médicinales,** Triades, 1975.

Prentis, John, **Herb Grower's Guide,** Running Press, Philadephie, 1974.

Simon, André L., **A Concise Encyclopedia of Gastronomy,** Overload Press, New-York, 1981 (un trésor de recettes de la gastronomie française).

Suskind, Patrick, **Le Parfum, Histoire d'un meurtrier,** Fayard, 1986 (un roman fantastico-documentaire traitant de la fabrication des parfums).

Stuart, Malcolm, **Encyclopédie des Herbes,** Ed. Atlas, 1981.

Trouard-Riolle, **Les Plantes Médicinales,** Flammarion, 1964.

Valnet, Jean, **Aromathérapie** (1 tome), **Phytothérapie** (2 tomes) et **Traitement des maladies par les légumes, les fruits et les céréales** (1 tome) (une étude magistrale de la plupart des produits végétaux alimentaires et médicinaux), (Éditions Maloine, 1972 et 1975).

Vigarello, Georges, **Le Propre et le Sale, L'Hygiène du corps depuis le Moyen-Âge,** Ed. du Seuil, 1985 (étude excellente sur le sujet décrit).